Déborah Pádua Mello Neves

Aprender mais

CADERNO DE REFORÇO

História

Geografia

Ciências

VOLUME 5

ENSINO FUNDAMENTAL

IBEP

2ª edição
São Paulo
2013

Coleção Aprender Mais
Volume 5
© IBEP, 2013

Diretor superintendente	Jorge Yunes
Diretora adjunta editorial	Célia de Assis
Editores	Lizete Mercadante Mizue Jyo Rosicler Martins
Assistentes editoriais	Fernanda dos Santos Silva Karina Danza
Revisão	Luiz Gustavo Micheletti Bazana
Coordenadora de arte	Karina Monteiro
Assistentes de arte	Marilia Vilela Nane Carvalho
Coordenadora de iconografia	Maria do Céu Pires Passuello
Assistentes de iconografia	Adriana Neves Wilson de Castilho
Produção gráfica	José Antônio Ferraz
Assistente de produção gráfica	Eliane M. M. Ferreira
Produção editorial	José Antonio Ferraz
Ilustrações	Camila Scavazza Eduardo Carlos Pereira Hélio Senatore Lie Kobayashi
Projeto gráfico	APIS design integrado
Capa	APIS design integrado
Editoração eletrônica	N-Publicações

CIP-BRASIL. CATALOGAÇÃO-NA-FONTE
SINDICATO NACIONAL DOS EDITORES DE LIVROS, RJ

N423a
2. ed.

Neves, Déborah Pádua Mello
Aprender mais : caderno de reforço : história, geografia e ciências, volume 5 / Déborah Pádua Mello Neves. - 2. ed. - São Paulo : IBEP, 2013.
328 p. : il. ; 28 cm. (Aprender mais)

ISBN 9788534236911 (mestre) 9788534236867 (aluno)

1. Ensino fundamental - Estudo e ensino. 2. História - Estudo e ensino (Ensino fundamental). 3. Geografia - Estudo e ensino (Ensino fundamental). 4. Ciências - Estudo e ensino (Ensino fundamental). I. Título. II. Série.

13-03889 CDD: 372
CDU: 373.3.016

12/08/2013 13/08/2013

Impressão e acabamento: **2025 - Esdeva Indústria Gráfica Ltda. - CNPJ: 17.153.081/0001-62**
Av. Brasil, 1405 - Poço Rico - Juiz de Fora - MG - CEP.: 36020-110

2ª edição – São Paulo – 2013

Av. Alexandre Mackenzie, 619 – Jaguaré
São Paulo – SP – 05322-000 – Brasil – Tel.: (11) 2799-7799
www.editoraibep.com.br editoras@ibep-nacional.com.br

Aprender mais

CADERNO DE REFORÇO

Nome: ______________________________

____

Ano: ______________________________

Professor (a): ______________________________

____

Escola: ______________________________

____

Endereço: ______________________________

____

____

História

Sumário

REFORÇO 1

Os períodos da História

A história pode ser dividida em dois períodos:
A seguir você verá as características desses períodos e suas subdivisões.

Pré-História

A Pré-História começa com o aparecimento do ser humano na Terra e termina com a invenção da escrita, por volta de 4000 a.C. (antes de Cristo).

JP LAFFONT/SYGMA/CORBIS

Cena do filme *A guerra do fogo*, de 1981, que retrata a vida na Pré-História.

História

A fase histórica, ou História, começa com a invenção da escrita e prolonga-se até os dias atuais.

Tradicionalmente a fase histórica divide-se em:

Idade Antiga: começa por volta de 4000 a.C. e termina em 476 d.C. (depois de Cristo), com a queda do Império Romano do Ocidente.

VICTORIA & ALBERT MUSEU, LONDRES, INGLATERRA

Idade Média: vai de 476 até 1453, quando ocorreu a invasão da cidade de Constantinopla (atual Istambul, na Turquia) pelos turcos otomanos.

Pintura representando uma cena na Idade Média, em que damas e cavaleiros saem para caçar.

Idade Moderna: vai de 1453 até 1789, com o início da Revolução Francesa.

MUSEU CARNAVALET, PARIS, FRANÇA

Pintura do século XVIII representando a destruição da Bastilha (uma prisão), fato que iniciou a Revolução Francesa.

Idade Contemporânea: começa no ano de 1789, prolongando-se até nossos dias.

Queda do Muro de Berlim em 1989, na Alemanha. Esse muro separava a população alemã em dois países. Sua destruição foi um dos fatos marcantes do século XX.

Como começou a expansão marítima e comercial da Europa

O comércio com o Oriente

Os europeus faziam o comércio de produtos vindos do Oriente. Compravam especiarias (cravo, canela, noz-moscada, gengibre, pimenta-do-reino), que eram utilizados na conservação dos alimentos. Adquiriam também vários produtos de luxo, como tecidos, principalmente a seda, tapetes, porcelanas, perfumes, objetos de marfim etc. A região oriental produtora das especiarias e dos produtos de luxo denominava-se "Índias".

O comércio desses produtos na Europa, feito pelo Mar Mediterrâneo, era controlado por duas cidades italianas: Gênova e Veneza. Essa situação fazia com que os mercadores genoveses e venezianos tivessem grandes lucros.

Desejosos de participar desse comércio para também lucrar, alguns países europeus puseram-se a procurar um novo caminho marítimo para as Índias. Essa procura foi o principal fator que impulsionou as Grandes Navegações.

As invenções

Algumas invenções possibilitaram ao ser humano a realização de longas viagens. Dentre elas, temos:

A **bússola**, com sua agulha magnética sempre voltada para o Norte, era um dos instrumentos usados para orientação. As **caravelas**, que tornaram as viagens mais rápidas. A **pólvora**, usada pelos navegantes para se defenderem de possíveis ataques. O **papel** e a **imprensa**, que permitiram a divulgação dos conhecimentos de geografia, das ciências e da arte de navegar.

COLEÇÃO PARTICULAR/KENNETH H. LIGHT

REPRODUÇÃO

Saiba que

As partes da superfície da Terra conhecidas pelos europeus até o início do século XV eram: a Europa, parte da África e da Ásia. Tinham uma vaga ideia da existência do Japão e da China. A América, a Oceania e as terras polares ainda não eram conhecidas pelos europeus.

ATIVIDADES...

1. Coloque **V**, quando a frase for verdadeira, e **F**, quando for falsa.

☐ A História começa com a invenção da escrita.

☐ A História está dividida, tradicionalmente, em Idade Antiga, Moderna e Contemporânea.

☐ A expansão marítima e comercial da Europa ocorreu a partir do século XIV.

☐ Foi graças à expansão marítima e comercial europeia que os portugueses ocuparam o Brasil.

2. Com quem os europeus faziam comércio?

3. Quais eram as especiarias que os europeus compravam?

4. Quais eram os produtos de luxo que os europeus também compravam?

5. De onde vinham essas mercadorias?

6. Por onde era feito e quais eram as cidades que controlavam esse comércio?

7. O que resolveram alguns países europeus que desejavam participar desse comércio?

8. Como chamamos o conjunto de viagens marítimas que surgiram com a busca de um novo caminho marítimo para as Índias?

9. Assinale quais foram as grandes invenções que possibilitaram a realização das grandes viagens.

- [ ] fogo
- [ ] escrita
- [ ] bússola
- [ ] caravelas
- [ ] imprensa
- [ ] pólvora
- [ ] especiarias

10. Por que a invenção da imprensa foi importante para as Grandes Navegações?

REFORÇO 2

As navegações portuguesas

Por possuir condições favoráveis (governo forte e posição geográfica voltada para o mar), Portugal foi o pioneiro nas Grandes Navegações e, durante muito tempo, o único. O infante português D. Henrique foi o grande incentivador das viagens marítimas, reunindo na cidade de Sagres cartógrafos, geógrafos e navegadores experientes para estudar e escolher as melhores rotas para o Oriente.

Mapa das rotas das navegações portuguesas, séc. XV

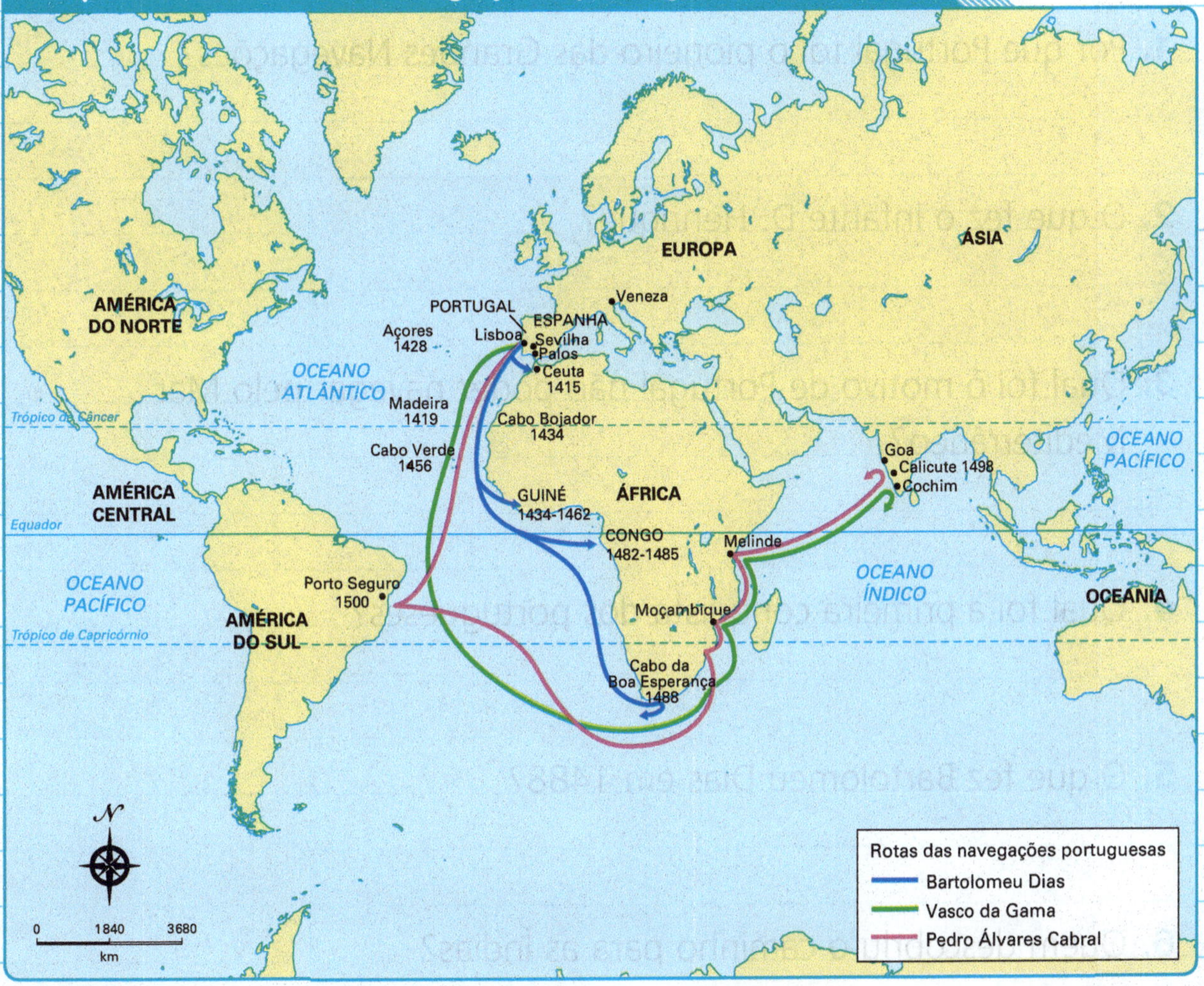

Por causa do controle das cidades italianas, Portugal não podia navegar pelo Mar Mediterrâneo e, por isso, planejou chegar às Índias contornando o continente africano.

Dentre as viagens portuguesas podemos destacar a conquista da cidade de Ceuta, em 1415, um ponto estratégico ao norte da África; a viagem de Bartolomeu Dias, em 1488, que contornou o Cabo das Tormentas (depois chamado de Cabo da Boa Esperança), ao sul do continente africano, e a descoberta do caminho marítimo às Índias, por Vasco da Gama, em 1498.

ATIVIDADES...

1. Por que Portugal foi o pioneiro das Grandes Navegações?

2. O que fez o infante D. Henrique?

3. Qual foi o motivo de Portugal não poder navegar pelo Mar Mediterrâneo?

4. Qual foi a primeira conquista dos portugueses?

5. O que fez Bartolomeu Dias em 1488?

6. Quem descobriu o caminho para as Índias?

REFORÇO 3

As navegações da Espanha

Os descobrimentos marítimos espanhóis tiveram início com a viagem de Cristóvão Colombo, um navegante que teria nascido na cidade de Gênova, na Itália. Como na Europa já se sabia que a Terra era redonda, Colombo pensava atingir as Índias viajando para o Ocidente (oeste), atravessando o Oceano Atlântico.

Por não ter recursos para fazer essa viagem, pediu auxílio a vários países, conseguindo, depois de muito tempo, ajuda dos reis da Espanha: Fernando e Isabel.

Viagem de Colombo, em 1492

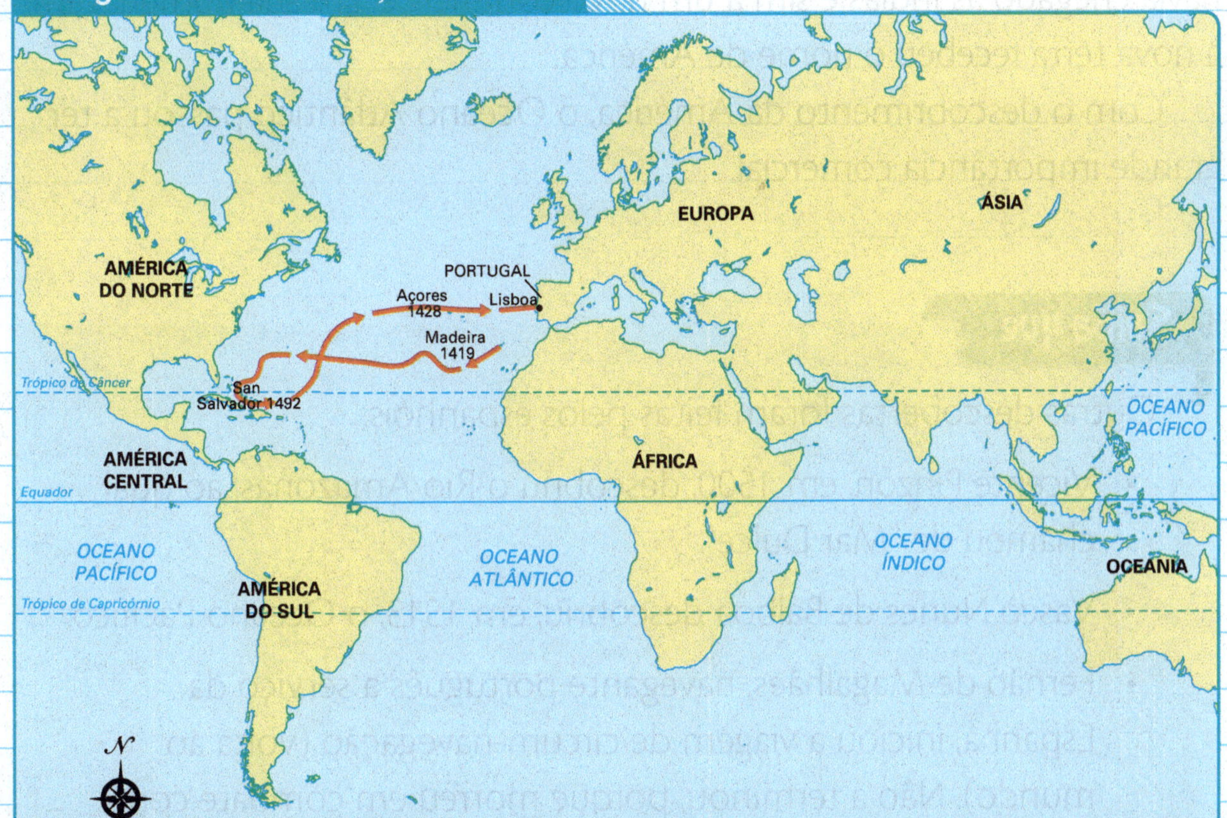

MARIO YOSHIDA

Com três embarcações, Santa Maria, Pinta e Niña, ele saiu do Porto de Palos, na Espanha, em 3 de agosto de 1492.

No dia 12 de outubro chegou à Ilha de Guanaani, nas Antilhas, à qual deu o nome de São Salvador. Tomou posse da terra em nome do governo espanhol.

Pensando ter chegado às Índias, Colombo chamou os habitantes do lugar de índios. Voltou à Espanha e, devido ao seu feito, recebeu o título de vice-rei das terras descobertas. Fez mais três viagens à nova terra e, em 1506, morreu, pobre e esquecido, na Espanha.

O nome América

Américo Vespúcio, um navegador italiano, verificou que Colombo não havia chegado às Índias e sim a um novo continente. Em sua homenagem, a nova terra recebeu o nome de América.

Com o descobrimento da América, o Oceano Atlântico passou a ter grande importância comercial.

Saiba que

Outras descobertas foram feitas pelos espanhóis:

- Vicente Pinzón, em 1500, descobriu o Rio Amazonas, ao qual chamou de "Mar Dulce".
- Vasco Nunes de Balboa descobriu, em 1513, o Oceano Pacífico.
- Fernão de Magalhães, navegante português a serviço da Espanha, iniciou a viagem de circum-navegação (volta ao mundo). Não a terminou, porque morreu em combate com os nativos. Devido a este fato, a viagem foi completada por Sebastião del Cano.

ATIVIDADES...

1. Marque com um **x** as frases corretas.

a) ☐ Os descobrimentos marítimos espanhóis começaram com a viagem de Colombo.
b) ☐ Colombo pensava atingir as Índias pelo Ocidente.
c) ☐ Colombo morreu rico em Portugal.
d) ☐ A América foi descoberta no dia 12 de outubro de 1492.
e) ☐ Américo Vespúcio verificou que Colombo não chegara às Índias.

2. Faça a correspondência entre as colunas abaixo.

1 embarcações de Colombo	☐ ilha onde Colombo aportou
2 reis da Espanha	☐ Santa Maria, Pinta e Niña
3 Guanaani	☐ Fernando e Isabel
4 título de Colombo	☐ vice-rei
5 Américo Vespúcio	☐ deu nome ao Novo Mundo

3. Quem deu início aos descobrimentos espanhóis?

4. Qual era o plano de Cristóvão Colombo?

5. Onde e quando Colombo chegou, em sua primeira expedição marítima?

6. Onde Colombo pensou ter chegado?

7. Por que os habitantes do Novo Mundo foram chamados de índios?

8. O que fez Américo Vespúcio?

9. Quem foi Vicente Pinzón?

10. Quem descobriu o Oceano Pacífico?

11. Escreva sobre a viagem de Fernão de Magalhães.

REFORÇO

4 O Tratado de Tordesilhas

Após o descobrimento da América, em 1494, Portugal e Espanha assinaram o **Tratado de Tordesilhas**, dividindo entre si as terras descobertas e as por descobrir. Foi estabelecido um meridiano imaginário a 370 léguas a oeste das ilhas de Cabo Verde. As terras situadas a oeste desse meridiano seriam da Espanha, e a leste seriam de Portugal.

Em relação ao Brasil, a linha de Tordesilhas passava nos pontos que corresponderiam hoje a Belém, no Pará, e Laguna, em Santa Catarina.

Muitos anos mais tarde, os bandeirantes ultrapassaram o meridiano das Tordesilhas e tomaram posse de terras do "lado espanhol".

O mundo dividido entre portugueses e espanhóis

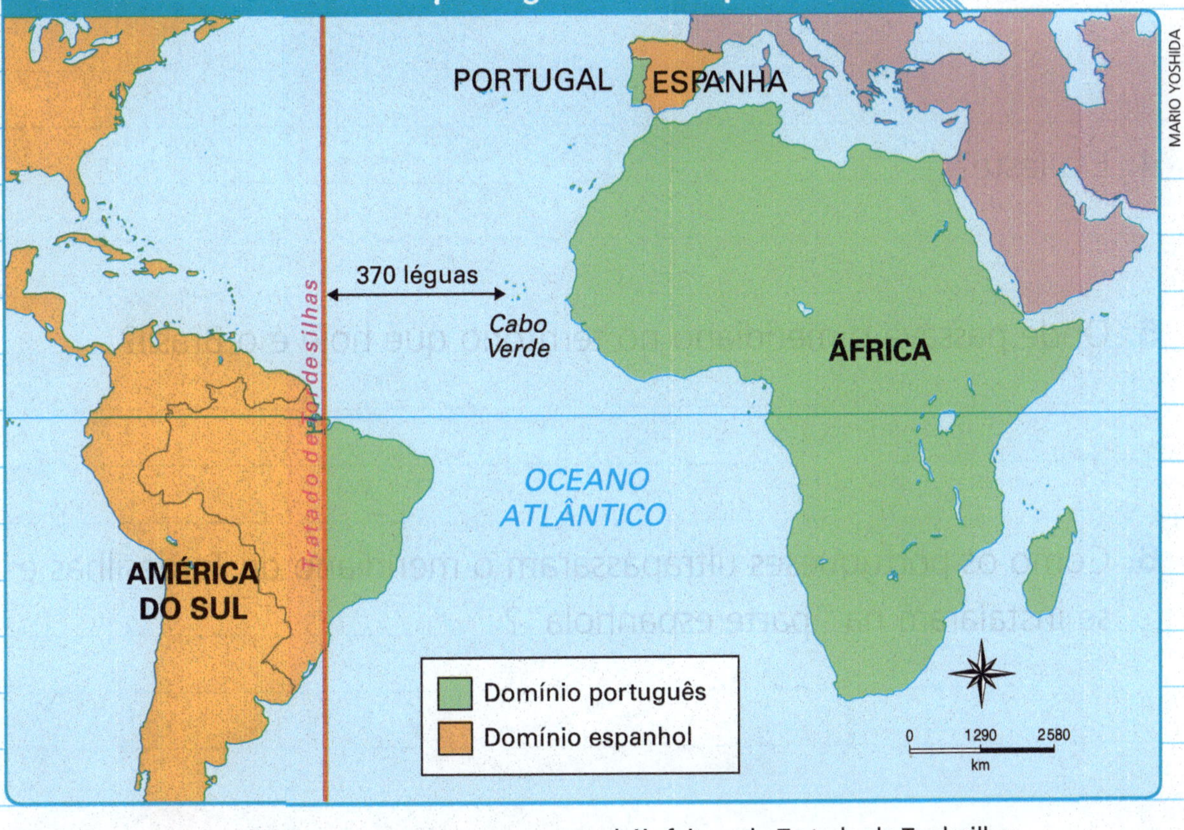

Mapa que mostra a divisão entre portugueses e espanhóis feita pelo Tratado de Tordesilhas.

ATIVIDADES...

1. Por que foi estabelecido o Tratado de Tordesilhas?

2. O que estabelecia esse tratado?

3. A quem pertenceriam as terras a oeste do meridiano?

4. E a leste?

5. Onde passava o meridiano no território que hoje é o Brasil?

6. Como os portugueses ultrapassaram o meridiano de Tordesilhas e se instalaram na "parte espanhola"?

REFORÇO

5

22 de abril de 1500: Portugal toma posse do Brasil

Em 1500, o rei de Portugal, D. Manuel, "o Venturoso", organizou uma esquadra composta de 13 caravelas e deu o comando a Pedro Álvares Cabral. Este recebeu a ordem de estabelecer o comércio com as Índias.

MUSEU PAULISTA DA UNIVERSIDADE DE SÃO PAULO

O encontro de Pedro Álvares Cabral com os indígenas em 22 de abril de 1500, na Nau Capitânia, é retratado neste quadro de Oscar Pereira da Silva.

Mas Cabral recebeu também uma outra ordem: atravessar o Oceano Atlântico e oficializar a posse de uma nova terra no Ocidente. O rei já sabia da existência dessa terra e ela já estava garantida pelo Tratado de Tordesilhas. A esquadra partiu no início do mês de março e no dia 21 de abril avistou os primeiros sinais de terra.

No dia 22 de abril os portugueses avistaram um monte, que recebeu o nome de Monte Pascoal.

No dia seguinte a esquadra ancorou no ilhéu da Coroa Vermelha, na atual baía Cabrália, no estado da Bahia. Os portugueses deram ao local o nome de Porto Seguro.

No dia 26 de abril, Cabral tomou posse oficial da terra, em nome de Portugal. Mandou levantar uma cruz e frei Henrique de Coimbra celebrou uma missa.

Uma embarcação, comandada por Gaspar de Lemos, retornou a Portugal, levando uma carta de Pero Vaz de Caminha, o escrivão da armada. Ele fez ao rei um relato da viagem, da terra encontrada e de seus habitantes.

Tudo indica que os portugueses já sabiam da existência dessas terras. Cabral teria vindo tomar posse em nome de Portugal, antes de prosseguir a caminho das Índias, seu principal objetivo.

Cabral, pensando que a nova terra fosse uma ilha, deu-lhe o nome de Ilha de Vera Cruz. No dia 2 de maio, Cabral seguiu viagem para as Índias.

Saiba que

Um ano mais tarde, o navegador português Gaspar de Lemos verificou que a nova terra não era uma ilha, por isso seu nome foi trocado para Terra de Santa Cruz. Posteriormente seu nome tornou-se Brasil, devido à presença de grande quantidade de árvores de pau-brasil.

ATIVIDADES...

1. Preencha as lacunas.

   a) No dia 26 de abril, Cabral ______________________ do Brasil.

   b) O frei Henrique de Coimbra celebrou a ______________ no dia da posse do Brasil.

   c) A embarcação comandada por ______________ retornou a Portugal, levando ______________________.

   d) O escrivão Pero Vaz de Caminha fez um ______________ da ______________, da ______________ e dos ______________ para o ______________.

   e) Cabral batizou a terra com o nome de ______________________, depois ela se chamou ______________________ e por fim ______________________.

2. O que fez Cabral após tomar posse do Brasil?

3. Qual foi o produto encontrado no Brasil que mais chamou a atenção dos portugueses, por seu valor comercial?

4. Em grupo, leia as lições anteriores sobre os motivos que levaram os portugueses a viajar para as Índias e escreva a resposta.

5. Vamos recordar, resolvendo a cruzadinha.

1. Primeiro nome do descobridor do caminho para as Índias.
2. Primeiro nome dado à nova terra: Ilha de ______________.
3. Nome atual da baía onde os portugueses aportaram no Brasil.
4. Primeiro nome do escrivão da esquadra portuguesa.
5. Primeiro nome do navegante que voltou a Portugal levando a carta de Pero Vaz.
6. Nome do monte avistado em 22 de abril de 1500.

			1.				C					
			2.				A					
				3.			B					
				4.			R					
					5.		A					
6.							L					

6. Faça o desenho de um navio tocado a vento.

REFORÇO 6

Os primeiros habitantes do Brasil

Quando os portugueses chegaram ao Brasil, o território já era habitado por diversos povos indígenas. Eram muitas nações, com hábitos, língua e religiões diferentes. Entretanto, havia pontos comuns entre as culturas desses povos: eles se organizavam em tribos, construíam habitações chamadas **ocas** e a reunião delas formava uma **taba** ou **aldeia**.

A taba ou aldeia era protegida por uma cerca, **a caiçara**. Cada aldeia possuía um chefe (o cacique ou morubixaba).

Os indígenas viviam da caça, da pesca e da coleta de raízes e frutos. Alguns cultivavam milho, mandioca, feijão, amendoim, fumo. Faziam uma bebida feita de milho, chamada **cauim**.

Para pescar, usavam pequenas redes chamadas **puçás**.

Fabricavam canoas de troncos de árvore às quais chamavam de **ubás**.

Como armas, os indígenas tinham: o arco, a flecha, o tacape, a zarabatana, o machado etc.

Os indígenas viviam nus ou quase nus; usavam tanga, pintavam o corpo com tintas extraídas de plantas, como o urucu e o jenipapo. Enfeitavam-se com cocares de penas, dentes de animais, colares de folhas e sementes e outros.

MUSEUS CASTRO MAYA, RJ

Obra feita por Jean Baptiste Debret por volta de 1820, denominada *Família de um chefe Camacã preparando-se para festa*, traz visão de como era a habitação desse grupo indígena no início do século XIX. Pintura em aquarela com medidas de 18,6 x 29,3 cm.

Gostavam de música e dança. As danças guerreiras chamavam-se **poracés** e os seus instrumentos musicais eram o **membi** (buzina), o **maracá** (chocalho), o **uapi** (tambor), o **boré** (flauta de ossos).

Acreditavam em várias divindades: Guaraci (o Sol), Jaci (a Lua), Tupã (o raio e o trovão). O responsável pelos assuntos religiosos era o pajé, espécie de curandeiro, que exercia grande influência sobre os indígenas e também atuava como médico, tratando das doenças com ervas e alimentos.

Os indígenas eram nômades, isto é, mudavam sempre o lugar de moradia, principalmente quando acabavam a caça e a pesca na região, ou quando a terra não produzia mais. A mudança de lugar provocava frequentes guerras entre as aldeias.

A influência da cultura indígena

Os indígenas influenciaram a cultura brasileira:

- **nas palavras**: geralmente em nomes de lugares, pessoas, rios, plantas, animais. Ex.: Paraná, Iguaçu, Itacolomi, Peri, Ceci, Tibiriçá, abacaxi, arara etc.
- **nos alimentos**: milho, mate, cacau, mandioca, palmito, guaraná etc.
- **nos costumes**: dormir em redes, caçar e pescar com armadilhas, tomar banhos frequentemente etc.

Saiba que

Na atual Constituição há um artigo que trata dos direitos dos indígenas: sua organização social, costumes, línguas, crenças etc.
Atualmente vivem no Brasil mais de 800 mil indígenas, o que representa 0,4% da população brasileira, conforme o Censo de 2010.
Os indígenas vivem em todo o território nacional, especialmente em 688 áreas demarcadas e em áreas urbanas.
Os territórios dos indígenas são disputados pelas indústrias de mineração e madeireira, por isso precisa ser protegido e seu uso garantido às diversas tribos que ainda existem no Brasil.

ATIVIDADES...

1. Quem habitava o Brasil na época dos descobrimentos?

2. Como os indígenas andavam vestidos, como se enfeitavam e o que usavam?

3. Quais eram as armas indígenas?

4. Quais eram os instrumentos musicais?

5. Quais eram os produtos cultivados pelos indígenas?

6. Os indígenas eram nômades? Explique.

7. Assinale com um **x** a resposta correta.

   a) Os indígenas viviam:

   - [ ] vestidos com peles de animais e roupas de couro.
   - [ ] nus ou quase nus, vestindo tanga.
   - [ ] nus, mas pintados com a tinta extraída do pau-brasil.

b) Na vida cotidiana os indígenas:

- [ ] apreciavam a música e a dança ao som de instrumentos como o tambor.
- [ ] cantavam e dançavam acompanhados da viola.
- [ ] não gostavam de música, só de dança, que ajudava na guerra.

8. Faça a correspondência entre as colunas.

1 arco, flecha, tacape	( ) ubás
2 caiçara	( ) curandeiro
3 cauim	( ) chefe da tribo
4 canoa dos indígenas	( ) danças indígenas
5 cacique ou morubixaba	( ) armas dos indígenas
6 deus do raio e do trovão	( ) bebida fabricada pelos indígenas
7 poracés	( ) cerca ao redor das ocas
8 pajé	( ) Tupã

9. Assinale com a resposta correta.

a) Os indígenas representam atualmente quantos % da população brasileira:

( ) 40% ( ) 0,4% ( ) 20% ( ) 5%

b) Onde vivem hoje os povos indígenas?

- [ ] em territórios indígenas demarcados.
- [ ] nas regiões de floresta.
- [ ] no litoral.
- [ ] em todo território brasileiro, inclusive áreas urbanas.

REFORÇO 7

O reconhecimento do litoral brasileiro

A exploração do pau-brasil

Logo após a chegada dos portugueses ao Brasil, iniciou-se a exploração do pau-brasil. As árvores de pau-brasil eram encontradas do litoral do atual estado do Rio Grande do Norte até o atual Rio de Janeiro. Do seu miolo era extraído um corante vermelho, de grande valor.

Os indígenas tupis davam ao pau-brasil o nome de ibirapitanga, que, em língua tupi, quer dizer "madeira vermelha".

Os indígenas cortavam as árvores e transportavam os troncos até as embarcações. Em troca, recebiam dos europeus produtos de pouco valor, como colares de miçangas, pentes, espelhos, roupas coloridas etc.

Interessados nos lucros, corsários franceses contrabandeavam a madeira. Foi justamente para acabar com o perigo de os franceses se apossarem de nossa terra que o rei de Portugal resolveu enviar esquadras para protegê-la.

PERCIVAL TIRAPELI

Detalhes do relevo *O corte de madeira*, de cerca de 1530, esculpido em pau-brasil.

As expedições exploradoras

Logo após a chegada dos portugueses ao Brasil, o rei D. Manuel enviou expedições exploradoras para fazerem o reconhecimento da nova colônia portuguesa na América e verificarem os recursos econômicos a serem explorados.

Comandada por Gaspar de Lemos, a primeira expedição exploradora chegou ao Brasil em 1501. Explorando o litoral, verificou que o Brasil não era uma ilha, dando à terra o nome de Terra de Santa Cruz. Além disso, nomeou vários acidentes geográficos e verificou a presença de pau-brasil. Vinha acompanhando a expedição o navegador Américo Vespúcio.

Mapa do Brasil com a indicação das primeiras viagens exploratórias dos portugueses, séc. XVI

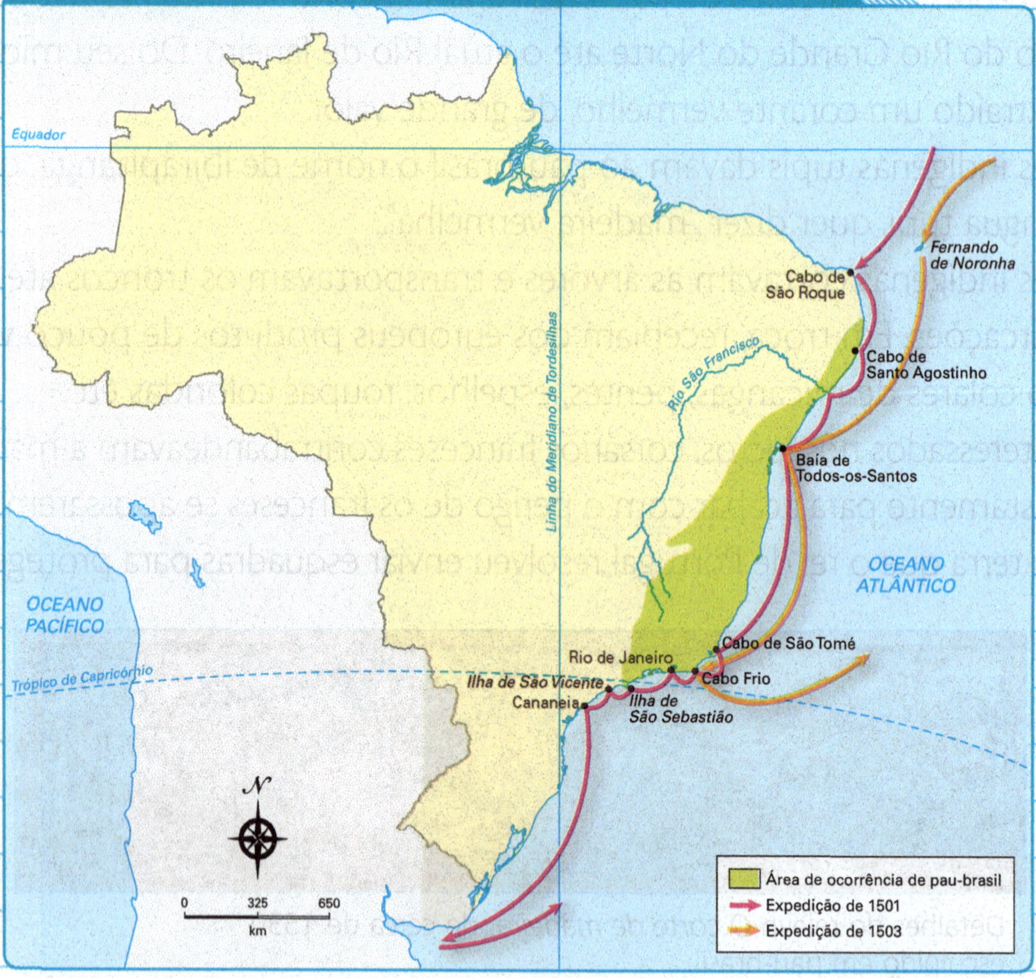

A segunda expedição exploradora, ainda no reinado de D. Manuel, veio ao Brasil em 1503. Era comandada por Gonçalo Coelho. Américo Vespúcio de novo acompanhou essa expedição e fundou uma feitoria (local onde armazenavam pau-brasil) em Cabo Frio. Os portugueses também verificaram em quais lugares havia mais pau-brasil.

ATIVIDADES...

1. Por que o rei de Portugal resolveu enviar expedições exploradoras ao Brasil?

2. Complete, sobre a primeira expedição exploradora.

   a) Ano em que veio: .
   b) Comandante: .
   c) Acompanhante: .

3. O que fez essa expedição?

   a) Verificou .
   b) Deu à nova terra o nome de .
   c) Deu nomes aos .
   d) Veio localizar os lugares onde havia .

4. Sobre a segunda expedição exploradora:

   a) Quem veio comandando e quem o acompanhava?

   b) Que fez Américo Vespúcio?

5. O que são acidentes geográficos? Quais acidentes geográficos existem no litoral brasileiro?

REFORÇO 8

Expedições guarda-costas

As expedições guarda-costas vieram ao Brasil em 1516 e 1526 a fim de proteger o litoral e combater o contrabando do pau-brasil. Ambas foram comandadas por Cristóvão Jacques.

Realizações da primeira expedição guarda-costas:

- destruiu feitorias e fortes construídos pelos franceses no Brasil;
- patrulhou todo o litoral, até Cabo Frio.

Em seguida, voltou para Portugal.

A segunda expedição veio em 1526. Também era comandada por Cristóvão Jacques.

Realizações da segunda expedição guarda-costas:

- destruiu novamente fortes e feitorias construídas no litoral;
- aprisionou navios franceses carregados de pau-brasil.

Cristóvão Jacques verificou que esse sistema de expedições não dava bons resultados, por causa da extensão da costa brasileira, e sugeriu ao rei de Portugal que iniciasse a colonização do Brasil.

ATIVIDADES...

1. Quem comandou a primeira e a segunda expedições guarda-costas?

2. O que Cristóvão Jacques destruiu?

3. O que Cristóvão Jacques fez quando viu que as expedições exploradoras não davam bons resultados?

4. Assinale com um **V** se for verdadeiro e com um **F** se for falso.

- [ ] As expedições guarda-costas tinham por objetivo combater o contrabando do pau-brasil.
- [ ] As expedições guarda-costas tinham por objetivo proteger o litoral brasileiro ante a ameaça de invasão francesa.
- [ ] Gonçalo Coelho comandou as expedições guarda-costas no Brasil.
- [ ] Américo Vespúcio veio acompanhando as duas expedições guarda-costas.

REFORÇO 9

A expedição colonizadora

PREFEITURA MUNICIPAL DE SÃO VICENTE, SP

O pintor Benedito Calixto representou Martim Afonso de Sousa neste quadro de 1923.

Durante os trinta anos após a chegada dos portugueses, o Brasil esteve num estado de semiabandono. Mas, como o comércio português no Oriente começou a declinar, o governo português resolveu colonizar o Brasil, a fim de não perdê-lo.

O rei de Portugal D. João III, em 1530, enviou ao Brasil uma expedição, comandada por Martim Afonso de Sousa, cujo objetivo era dar início à colonização.

Ao chegar à costa de Pernambuco, a esquadra aprisionou três navios franceses carregados de pau-brasil. Prosseguindo viagem, na Baía de Todos-os-Santos, Martim Afonso encontrou o português Diogo Álvares Correia, o Caramuru. Ele facilitou o contato dos portugueses com os indígenas.

Rumando em direção ao sul, o irmão do comandante, Pero Lopes, explorou o Rio da Prata. Enquanto isso, Martim Afonso, em 1532, fundou o primeiro povoamento do Brasil, a vila de São Vicente, no litoral do atual estado de São Paulo. Foram levantados os primeiros edifícios: casas para os moradores, igreja, casa da Câmara, cadeia. Nessa região iniciou-se a cultura da cana-de-açúcar e a criação de gado. Foi construído um engenho para a fabricação do açúcar, que recebeu o nome de Engenho do Governador.

Depois, Martim Afonso subiu a Serra do Mar e, no planalto que os indígenas chamavam de Piratininga, fundou o povoado de Santo André da Borda do Campo. Para isso, contou com o auxílio de João Ramalho, um português que ali vivia com os indígenas.

Saiba que

- A vila de São Vicente foi fundada na Ilha de São Vicente.
- As mudas de cana-de-açúcar vieram da Ilha da Madeira.
- Caramuru era casado com a indígena Paraguaçu, filha do cacique Taparica. João Ramalho era casado com Bartira, filha do cacique Tibiriçá.

ATIVIDADES...

1. O que D. João III fez, em 1530, para não perder o domínio sobre o Brasil?

2. Coloque **V** se for verdadeiro e **F** se for falso.

- [ ] Martim Afonso veio colonizar o Brasil.
- [ ] A expedição de Martim Afonso era exploradora.
- [ ] Martim Afonso encontrou-se com Diogo Álvares Correia.
- [ ] Martim Afonso fundou o povoado de Santo André auxiliado por João Ramalho.
- [ ] Pero Lopes fundou São Vicente.

3. Qual vila Martim Afonso fundou?

4. O que fez Pero Lopes, irmão de Martim Afonso?

5. Qual foi o outro povoado fundado por Martim Afonso, e quem o ajudou?

6. Qual foi a produção agrícola iniciada nesse período?

7. Dê o nome das indígenas casadas com:
João Ramalho: ______.
Caramuru: ______.

8. Qual foi a criação iniciada nesse período?

9. Em grupo, pesquise sobre Caramuru e João Ramalho e escreva sobre eles no seu caderno de casa.

REFORÇO 10

As capitanias hereditárias

Em 1534, o rei D. João III introduziu um sistema administrativo no Brasil denominado **capitanias hereditárias**. Portugal já havia adotado esse sistema em outras regiões (Ilhas da Madeira, dos Açores, de Cabo Verde), com bons resultados.

O sistema de capitanias hereditárias consistiu na divisão do Brasil em quinze faixas de terra, que iam do litoral até o limite estabelecido pelo Tratado de Tordesilhas. Essas faixas foram doadas a doze pessoas, da inteira confiança do rei. Essas pessoas seriam chamadas de **capitães** ou **donatários**. As capitanias eram hereditárias, porque os donatários poderiam transmitir a sua administração por herança a um filho.

Os donatários deviam colonizar e defender a capitania com os próprios recursos.

Capitanias hereditárias e seus donatários

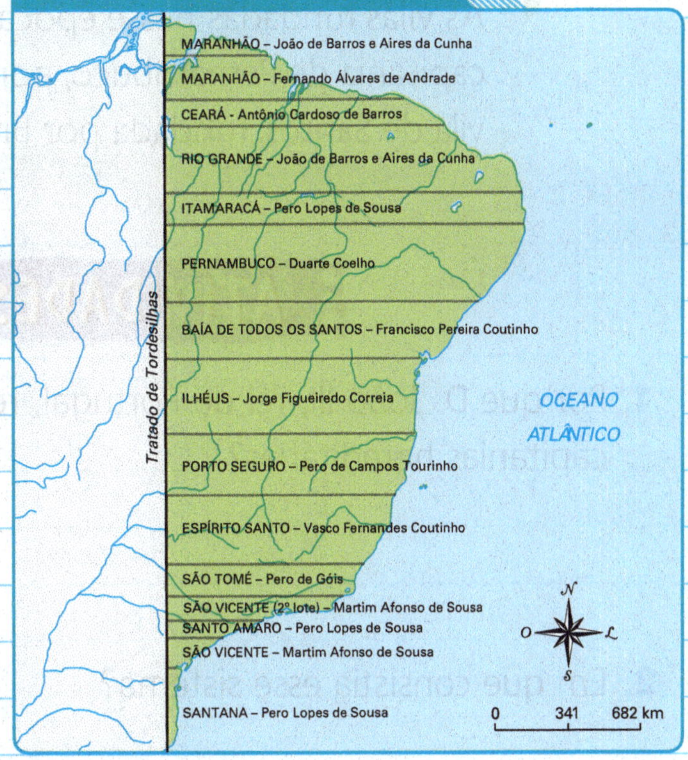

CARLOS HENRIQUE DA SILVA

Fonte: *Atlas histórico escolar.* Rio de Janeiro: FAE, 1991.

Os donatários tinham direitos e deveres.

Direitos: transmitir a capitania como herança, receber parte dos tributos da exploração da terra, aplicar a justiça estabelecida pelo rei, escravizar indígenas para trabalharem na capitania.

Deveres: povoar e colonizar, fundar povoamentos e vilas, pagar impostos ao rei, defender militarmente a capitania.

A maioria das capitanias fracassou, por vários motivos, entre os quais falta de meios para colonizá-las; ataques frequentes de indígenas; grande distância entre Brasil e Portugal.

Apenas duas capitanias prosperaram:

Pernambuco, principalmente pelo desenvolvimento da cana-de-açúcar nessa região. Seu donatário era Duarte Coelho.

São Vicente, também por causa da cana-de-açúcar. Seu donatário era Martim Afonso de Sousa.

Saiba que

As vilas fundadas nesse época foram Olinda, na capitania de Pernambuco, por Duarte Coelho, e a vila de Santos, fundada por Brás Cubas.

ATIVIDADES...

1. Por que D. João III, rei de Portugal, resolveu adotar o sistema de capitanias hereditárias?

2. Em que consistia esse sistema?

3. Por que eram hereditárias?

4. O que deviam fazer os donatários?

5. Coloque, nos quadros, **DE** para deveres e **DI** para direitos.

- [ ] Transmitir a administração da capitania como herança.
- [ ] Pagar impostos a Portugal.
- [ ] Aplicar a justiça estabelecida pelo rei.
- [ ] Escravizar indígenas para trabalharem na capitania.
- [ ] Fundar povoamentos e vilas.
- [ ] Defender militarmente as capitanias.

6. Esse sistema não deu resultado. Cite três causas que contribuíram para o seu fracasso.

a) .

b) .

c) .

7. Quais foram as capitanias que prosperaram?

8. O que contribuiu para o desenvolvimento dessas capitanias?

9. Quais foram as vilas fundadas nessa época?

10. Quem fundou as vilas:

a) Olinda: **b)** Santos:

REFORÇO 11

O governo-geral

Como o sistema de capitanias hereditárias não deu resultados satisfatórios, D. João III resolveu melhorar o sistema de administração, criando um **governo-geral**, cujas finalidades eram:

- centralizar a administração;
- fiscalizar as capitanias;
- defender o litoral brasileiro de ataques estrangeiros;
- desenvolver a lavoura da cana-de-açúcar.

Primeiro governador-geral: Tomé de Sousa

MUSEU DO RECÔNCAVO, BAHIA

Representação da chegada de Tomé de Sousa à Bahia em 1549. Gravura do século XIX.

A sede do governo-geral foi estabelecida na capitania da Bahia, por se achar mais bem localizada em relação a Portugal. Tomé de Sousa foi escolhido para primeiro governador-geral. Ele chegou à Bahia em 1549, trazendo colonos, soldados e seis padres jesuítas chefiados pelo padre Manuel da Nóbrega.

KONINKLIJKE BIBLIOTHEK, HAIA

S. Salvador/Baya de Todos los Santos. Obra de Reys-Boeck, 1624. A cidade de São Salvador, na Bahia, foi escolhida para ser sede do governo-geral. Em Salvador, o porto foi se tornando o maior ponto de contato com os europeus.

Em seu governo ocorreram:

- a fundação da cidade de Salvador, a primeira capital do Brasil;
- a criação do primeiro bispado do Brasil, tendo como primeiro bispo D. Pero Fernandes Sardinha;
- a fundação de um colégio em Salvador, dirigido pelos jesuítas;
- o desenvolvimento da cultura da cana-de-açúcar e o início da criação de gado no Nordeste. Em 1553, Tomé de Sousa foi substituído por Duarte da Costa.

ATIVIDADES...

1. Por que foi criado o governo-geral?

2. Coloque **V** se for verdadeiro e **F** se for falso.
A finalidade do governo-geral era:

- ☐ fiscalizar as capitanias e centralizar a administração.
- ☐ dividir o Brasil em capitanias.
- ☐ defender o litoral brasileiro de ataques estrangeiros.
- ☐ desenvolver a cultura de cana-de-açúcar.
- ☐ organizar a colônia para produzir riquezas.
- ☐ proclamar a independência do Brasil.

3. Quem foi escolhido como primeiro governador, onde e quando chegou?

4. Quem chefiava os jesuítas que vieram com o primeiro governador?

5. Que cidade Tomé de Sousa fundou, e o que se tornou ela?

6. Quem passou a ser a autoridade religiosa em Salvador?

7. Como as crianças filhas de portugueses podiam estudar em Salvador?

8. Além de aumentar a produção de cana-de-açúcar, que outra atividade econômica Tomé de Sousa introduziu na colônia?

9. Quem substituiu Tomé de Sousa no fim dos quatro anos de governo?

REFORÇO 12

Segundo governador-geral: Duarte da Costa

Duarte da Costa foi nomeado segundo governador-geral, chegando ao Brasil em 1553. Com ele vieram vários jesuítas, dentre os quais José de Anchieta. Em seu governo, deram-se os seguintes fatos:

- fundação do Colégio de São Paulo pelos jesuítas Manuel da Nóbrega e José de Anchieta, em 25 de janeiro de 1554. Esse colégio deu origem à vila de São Paulo, mais tarde cidade;
- invasão francesa no Rio de Janeiro;
- Confederação dos Tamoios, na qual os indígenas se aliaram aos franceses contra os portugueses;
- desentendimentos entre o governador e o bispo, por causa do comportamento do filho do governador, D. Álvaro da Costa. O bispo D. Pero Fernandes Sardinha foi chamado a Portugal, mas, em viagem, sofreu um naufrágio e foi morto pelos indígenas.

Em 1557, Duarte da Costa foi substituído por Mem de Sá.

JUCA MARTINS/OLHAR IMAGEM

Estátua do artista Heitor Usai, feita em 1954, em homenagem ao padre Anchieta (1534-1597), na Praça da Sé, em São Paulo, SP.

ATIVIDADES...

1. Quem foi o segundo governador-geral do Brasil, e quando chegou?

2. Quem veio com o segundo governador?

3. O que fizeram os padres Manuel da Nóbrega e José de Anchieta?

4. O que houve entre o governador e o bispo?

5. O que aconteceu ao bispo D. Pero Fernandes Sardinha?

6. Assinale só as alternativas certas sobre o governo de Duarte da Costa.

- [ ] Os franceses invadiram o Rio de Janeiro.
- [ ] Houve desentendimentos entre Tomé de Sousa e o bispo.
- [ ] Houve uma revolta dos indígenas, conhecida como Confederação dos Tamoios.
- [ ] Anchieta e Nóbrega fundaram Salvador.
- [ ] Os tamoios aliaram-se aos franceses contra os portugueses.

REFORÇO 13

Terceiro governador-geral: Mem de Sá

O terceiro governador-geral do Brasil foi Mem de Sá. Logo ao chegar, resolveu as divergências entre colonos e jesuítas, motivadas pela tentativa dos colonos de escravizarem os indígenas.

Fatos do seu governo:

- colaborou com os jesuítas na catequese dos indígenas;
- fundação da cidade de São Sebastião do Rio de Janeiro por seu sobrinho Estácio de Sá, em 1º de março de 1565;
- Nóbrega e Anchieta pacificaram a Confederação dos Tamoios;
- expulsão dos franceses do Rio de Janeiro;
- desenvolvimento da agricultura e combate ao contrabando.

O sucessor de Mem de Sá, D. Luís de Vasconcelos, não chegou ao Brasil, pois morreu na viagem, atacado pelos corsários franceses.

Mem de Sá continuou no governo até 1572, quando faleceu.

O Brasil continuou tendo governadores-gerais. No século XVIII, os governadores passaram a receber o título de vice-reis.

Saiba que

Para expulsar os franceses, Mem de Sá contou com a ajuda dos colonos, dos jesuítas e de reforços de Portugal comandados por Estácio de Sá.

ATIVIDADES...

1. Quem foi o terceiro governador-geral do Brasil, e como foi seu governo?

2. O que fez Mem de Sá assim que chegou ao Brasil?

3. O que fez Mem de Sá em relação aos franceses, e quem o ajudou?

4. Quem era Estácio de Sá, e o que fez?

5. Até quando Mem de Sá governou?

6. Associe corretamente:

[1] Governo Duarte da Costa.
[2] Governo Mem de Sá.

[ ] Fundou a cidade do Rio de Janeiro.
[ ] Fundação do Colégio de São Paulo.
[ ] Expulsou os franceses do Rio de Janeiro.
[ ] Invasão francesa do Rio de Janeiro.

REFORÇO 14

As invasões francesas

Os franceses no Rio de Janeiro

Desde os primeiros tempos do Brasil colônia, os franceses faziam contrabando de pau-brasil. Posteriormente, resolveram se estabelecer no Brasil e, para isso, em 1555, invadiram o Rio de Janeiro. O objetivo era o de fundar uma colônia francesa que se chamaria França Antártica.

A esquadra francesa foi comandada por Nicolau Durand de Villegaignon. Os franceses estabeleceram-se na Ilha de Serigipe (atualmente Ilha de Villegaignon), onde construíram o forte de Coligny. Villegaignon fez amizade com os tamoios, que se tornaram seus aliados contra os portugueses.

Os franceses instalaram-se no governo de Duarte da Costa. O sucessor deste governador, Mem de Sá, conseguiu expulsar os invasores com o auxílio de tropas vindas de Portugal comandadas por Estácio de Sá. Contaram com a colaboração dos indígenas, chefiados pelo chefe Arariboia.

Os franceses no Maranhão

Em 1612, os franceses voltaram a se estabelecer no Brasil. Escolheram o Maranhão, onde quiseram fundar a colônia que deveria chamar-se França Equinocial.

Daniel de La Touche, senhor de La Ravardière, chefiava a expedição que desembarcou na Ilha do Maranhão. Os franceses fundaram o forte de São Luís, que deu origem à vila, mais tarde cidade, do mesmo nome, atual capital do estado do Maranhão.

Os franceses foram derrotados pelas forças comandadas por Jerônimo de Albuquerque e Alexandre de Moura.

Saiba que

- Estácio de Sá, que trouxe reforços de Portugal para expulsar os franceses, iniciou a construção de um forte junto ao morro do Pão de Açúcar. Daí surgiu a cidade de São Sebastião do Rio de Janeiro.
- Durante os ataques aos franceses, ele morreu atingido por uma seta envenenada.

ATIVIDADES...

1. O que faziam os franceses desde os primeiros tempos do Brasil colônia?

2. O que aconteceu em 1555, no governo de Duarte da Costa?

3. Onde Villegaignon e os franceses se estabeleceram e o que construíram?

4. Assinale com **V** se for verdadeiro e com **F** se for falso.

- [ ] Os franceses aliaram-se aos indígenas tupis.
- [ ] O forte de Coligny foi fundado pelos franceses.
- [ ] Os indígenas tamoios aliaram-se aos franceses.
- [ ] Duarte da Costa expulsou os franceses.
- [ ] O cacique Arariboia ajudou na expulsão dos franceses.

5. O que os franceses fizeram em 1612? Que lugar escolheram?

6. Qual foi o forte fundado pelos franceses no Maranhão?

7. De que modo os franceses foram expulsos do Maranhão?

8. Faça a correspondência das colunas abaixo.

1 Maranhão	☐ forte fundado pelos franceses no Maranhão
2 França Antártica	☐ segunda invasão francesa
3 Nicolau Durand Villegaignon	☐ forte fundado pelos franceses no Rio de Janeiro
4 São Luís	☐ comandante francês na invasão do Rio de Janeiro
5 Coligny	☐ colônia que os franceses pretendiam fundar no Rio de Janeiro

9. Marque com um **x** as afirmativas corretas.

a) O indígena que se destacou na expulsão dos franceses foi:

☐ Tibiriçá. ☐ Arariboia.
☐ Caramuru. ☐ Bartira.

b) Quem comandou os reforços que vieram de Portugal foi:

☐ Mem de Sá. ☐ Alexandre de Moura.
☐ Estácio de Sá. ☐ Duarte da Costa.

REFORÇO

15 A economia canavieira

A economia canavieira teve início no Brasil no século XVI. As primeiras mudas de cana-de-açúcar foram introduzidas por Martim Afonso de Sousa, na região de São Vicente. No entanto, a lavoura canavieira desenvolveu-se mais no Nordeste, principalmente em Pernambuco, onde havia condições mais favoráveis, como solo fértil (solo de massapé), clima quente e úmido e maior proximidade de Portugal, o que facilitava o comércio.

Nessa época, o açúcar era considerado um produto de luxo na Europa e, por isso, seu preço era muito alto.

Como Portugal não possuía navios suficientes, permitiu que os holandeses se encarregassem do transporte e da distribuição do açúcar no mercado europeu. Os holandeses eram também responsáveis pela refinação do açúcar.

GABINETE NACIONAL DE COPPERPLATES, DRESDEN, ALEMANHA

O pintor Zacharias Wagner representou, nesta obra do século XVII, uma grande propriedade produtora de açúcar chamada *Engenho Massaipe*, no Nordeste.

A cana-de-açúcar foi cultivada em grandes propriedades. Para trabalhar nas plantações de cana e na produção do açúcar, Portugal introduziu no Brasil a mão de obra do escravo negro.

Efeitos da economia canavieira

Os proprietários das grandes fazendas de plantação de cana e de produção de açúcar eram chamados de senhores de engenho. Constituíam a camada dominante do Brasil da época.

A economia canavieira favoreceu o povoamento do litoral do Nordeste e do Recôncavo Baiano (região da Baía de Todos-os-Santos). Também levou ao desenvolvimento da criação de gado.

Saiba que

- Monocultura é a cultura de um só produto. Por isso, dizemos que no Nordeste houve a monocultura da cana-de-açúcar.
- O termo engenho foi usado, por extensão, como sinônimo das fazendas onde se plantava a cana e se fabricava o açúcar.
- O açúcar também pode ser produzido por uma espécie de beterraba, a branca. O principal produtor desse açúcar é a Rússia.
- Atualmente a cana-de-açúcar ainda tem grande importância na economia brasileira, pois, além da produção de açúcar, é da cana que se faz o etanol, combustível usado em veículos.

ATIVIDADES...

1. Onde foi introduzido inicialmente o cultivo da cana-de-açúcar no Brasil?

2. Por que a cana-de-açúcar se desenvolveu no Nordeste?

3. Por que o açúcar era muito procurado na Europa?

4. Quem participava com Portugal no lucro do açúcar?

5. Como era cultivada a cana-de-açúcar e quem trabalhava nas lavouras e na fabricação do produto?

6. Quem eram os senhores de engenho?

7. Qual foi o papel da economia açucareira para o Nordeste?

8. Em grupo, pesquise como era a vida nos antigos engenhos de cana-de-açúcar. Onde viviam os senhores? E os escravos? Como se fazia o açúcar? O que mais produziam ali? O que as pessoas comiam? Apresente o resultado da pesquisa em um texto e ilustre com o desenho de um engenho (a propriedade), com todas as suas dependências.

9. Leia o texto a seguir.

> Atualmente, nas plantações de cana, na época da colheita, é usada a mão de obra dos boias-frias, assim chamados porque comem comida fria, levada em marmitas. São trabalhadores agrícolas, homens, mulheres e até crianças, que moram na cidade e são transportados para as fazendas em caminhões. A jornada de trabalho é, geralmente, de doze horas.
>
> Das plantações, a cana é transportada em caminhões para as usinas, onde será fabricado o açúcar.
>
> O açúcar hoje é produzido em larga escala no Brasil, geralmente em usinas com moderna tecnologia. Essas usinas também produzem álcool.
>
> Marilú F. Marin; Júlio Quevedo; Marlene Ordõnez. *História com Reflexão*. 5º ano. São Paulo: Ibep, 2008.

Com base no que leu nesse texto, responda:

a) Como se chamam os trabalhadores das plantações de cana-de-açúcar hoje em dia?

b) Por que esses trabalhadores têm esse nome?

c) Além de açúcar, o que o Brasil produz hoje, derivado da cana?

REFORÇO 16 As invasões holandesas no Nordeste

Com a morte do rei de Portugal e não tendo ele deixado descendentes diretos, um dos seus parentes, Felipe II, rei da Espanha, ocupou o trono português em 1580. Dessa forma, Portugal e suas colônias, inclusive o Brasil, passaram para o domínio espanhol.

A Espanha era inimiga da Holanda.

O rei Felipe II fechou os portos das colônias espanholas aos holandeses, proibindo o comércio do açúcar. Então os holandeses resolveram invadir o Brasil.

MUSEU DO PRADO, MADRI, ESPANHA

Retrato de Felipe II pintado em 1564 por Sofonisba Anguissola.

A invasão da Bahia

Em 1624 uma esquadra holandesa, comandada por Jacob Willekens, invadiu a cidade de Salvador, na Bahia.

Os holandeses aprisionaram o governador Diogo Mendonça Furtado e enviaram-no para a Holanda.

A população fugiu para o interior.

O bispo D. Marcos Teixeira, ajudado por senhores de engenho, trabalhadores e escravos, organizou a resistência aos invasores.

No ano seguinte, duas esquadras, uma vinda de Portugal e outra da Espanha, expulsaram os invasores.

Saiba que

- O rei Felipe II era neto de D. Manuel, "o Venturoso".
- Em 1621, os holandeses criaram a Companhia das Índias Ocidentais, cuja finalidade principal era conquistar territórios na América e assaltar os navios espanhóis.

ATIVIDADES...

1. Por que, em 1580, Portugal e Espanha passaram a ser governados pelo mesmo rei?

2. O que fez o rei Felipe II em relação aos holandeses, que eram inimigos da Espanha?

3. Como os holandeses reagiram em relação ao Brasil?

4. Quem organizou a resistência da cidade de Salvador contra os invasores?

5. De que modo os holandeses foram expulsos da Bahia?

Os holandeses em Pernambuco

Em 1630, os holandeses resolveram atacar de novo o Brasil, escolhendo a capitania de Pernambuco, centro da produção de açúcar.

MUSEU DE ARTE MODERNA, RIO DE JANEIRO

Cidade Maurícia (nome dado pelos holandeses a Recife), obra do artista holandês Frans Post, de 1653. Esse pintor veio para o Brasil com Maurício de Nassau.

O governador de Pernambuco, Matias de Albuquerque, refugiou-se e fundou o Arraial do Bom Jesus, um povoado onde concentrou a resistência, contando com o auxílio de indígenas e escravos.

Em 1632, Domingos Fernandes Calabar passou para o lado dos invasores, favorecendo a expansão dos holandeses no Nordeste. Para governar a região dominada pela Holanda, em 1637, chegou o príncipe Maurício de Nassau. Em seu governo, ele urbanizou Recife, incentivou a lavoura da cana-de-açúcar (para isso aumentou a escravidão negra), incentivou as artes e as ciências. Entretanto, Nassau descontentou a Holanda. Em 1644 foi substituído por um novo governador holandês.

Tendo Portugal se libertado do domínio espanhol, esperava-se que os holandeses deixassem o Brasil. Isso, porém, não aconteceu; os brasileiros iniciaram um movimento para expulsar os invasores: a Insurreição Pernambucana. Nas lutas contra os holandeses destacou-se o negro Henrique Dias, o índio Poti (Felipe Camarão), André Vidal de Negreiros e João Fernandes Vieira. Travaram-se várias batalhas, dentre elas a de Guararapes, na qual os holandeses foram derrotados.

Saiba que

As expedições militares, organizadas para combater os holandeses, fundaram vários fortes ou feitorias para a defesa do litoral; surgiram povoações em torno desses fortes, os quais hoje são cidades, tais como João Pessoa, Fortaleza, Natal e Belém.

ATIVIDADES...

1. Depois de expulsos da Bahia, os holandeses desistiram de invadir o Brasil?

2. Quem era o governador de Pernambuco e o que fez?

3. O que fez Domingos Fernandes Calabar?

4. Quem foi o indicado pelos holandeses para governar a região dominada pela Holanda?

5. Cite três medidas que Nassau tomou em seu governo.

6. O que aconteceu ao príncipe de Nassau?

7. Como os holandeses foram embora de Pernambuco?

8. Quem se destacou nesse movimento?

9. Quais foram as batalhas travadas?

10. Quais povoações fundadas durante esse período e hoje são grandes cidades?

REFORÇO 17

A expansão do território brasileiro

A colonização do Brasil, especialmente nos primeiros tempos, deu-se ao longo de uma estreita faixa do litoral.

Construíram-se ali as primeiras vilas e cidades. Os colonizadores dedicavam-se às culturas da cana-de-açúcar e do fumo, bem como à criação de gado.

O interior, contudo, quase não era conhecido.

Os povoadores evitavam penetrar no interior por causa das florestas, dos ataques dos indígenas, e por ser difícil a comunicação com Portugal.

Entradas e bandeiras

Entradas eram expedições organizadas pelo governo com as seguintes finalidades:

- penetrar e reconhecer o interior;
- caçar indígenas, a fim de escravizá-los;
- descobrir minas de ouro, prata e pedras preciosas.

Saiba que

As principais entradas foram as de Américo Vespúcio, Antônio Dias Adorno, Belchior Dias Moreia, entre outros. Essas expedições não ultrapassavam o meridiano de Tordesilhas.

Bandeiras foram expedições organizadas por particulares, com a finalidade de penetrar o interior, primeiramente em busca de indígenas ou de escravos negros fugidos e posteriormente à procura do ouro.

A maioria das bandeiras partia de São Paulo e de pequenas localidades vizinhas, tais como Itu, Sorocaba, Porto Feliz e Taubaté. Participavam das bandeiras os capitães, que eram os chefes, os guias (bons conhecedores da mata), indígenas, negros, padres, mulheres e crianças.

Algumas bandeiras eram formadas de dezenas de pessoas e demoravam, às vezes, anos no interior.

Os bandeirantes vestiam roupas de couro, calçavam botas altas, usavam como armas: arcabuz (espingarda com o cano aberto), escopeta (espingarda curta), espada; levavam facões para abrir o mato, instrumentos agrícolas etc.

As bandeiras de "caça ao índio" dedicavam-se a aprisionar e escravizar os indígenas para a lavoura. Os principais bandeirantes dessa fase foram Antônio Raposo Tavares, Manuel Preto, Bartolomeu Bueno da Silva, Domingos Jorge Velho e outros.

ATIVIDADES...

1. Por que o Brasil só era povoado no litoral?

2. Por que os colonos demoraram para penetrar o interior do Brasil?

3. As entradas foram expedições organizadas pelo governo com que finalidade?

4. Quais foram as principais entradas?

5. O que eram as bandeiras, e qual era a finalidade delas?

6. De onde partia a maioria das bandeiras?

7. Quem participava das bandeiras?

8. O que os bandeirantes faziam quando acampavam?

9. Para que os bandeirantes escravizavam os indígenas?

10. Como se vestiam os bandeirantes?

11. O que eram bandeiras de "caça ao índio"?

12. Cite o nome de alguns bandeirantes caçadores de indígenas.

REFORÇO 18

Bandeiras de mineração

As bandeiras de "mineração" tinham por fim procurar riquezas minerais: ouro, diamantes, prata etc.

Essas bandeiras atingiram o vale do Rio São Francisco (Minas Gerais) e ali encontraram ouro.

Mais tarde, outras minas foram descobertas em regiões que hoje fazem parte dos estados de Mato Grosso e de Goiás.

Os principais bandeirantes do ciclo da mineração foram:

- Fernão Dias Paes, que explorou a região de Minas Gerais à procura de esmeraldas, não conseguindo encontrá-las;
- Bartolomeu Bueno da Silva, que descobriu ouro em Goiás;
- Pascoal Moreira Cabral, que descobriu ouro em Cuiabá;
- Borba Gato, que descobriu as minas de Sabará.

Além das descobertas das minas de ouro, prata e pedras preciosas, as bandeiras favoreceram o povoamento do interior. Foram abertos novos caminhos e muitos rios foram explorados, principalmente o Tietê, o Paraíba e o Paraná.

Com as bandeiras do ciclo da mineração, tivemos:

- a descoberta de riquezas minerais;
- o povoamento do interior do Brasil;
- a expansão territorial.

Saiba que

- Fernão Dias Paes ficou conhecido como "Caçador de Esmeraldas".
- Bartolomeu Bueno da Silva recebeu o apelido de "Anhanguera".
- O maior caçador de indígenas foi Antônio Raposo Tavares.

ATIVIDADES...

1. Qual era a finalidade das bandeiras de mineração?

2. Quais foram os principais bandeirantes do ciclo da mineração?

3. Que lugares essas bandeiras atingiram?

4. Quais foram os outros lugares onde descobriram minas?

5. Quais foram as consequências das bandeiras do ciclo da mineração, além das descobertas de minas?

6. Pesquise por que Bartolomeu Bueno da Silva recebeu o apelido de "Anhanguera".

REFORÇO 19

Monções

MUSEU PAULISTA DA UNIVERSIDADE DE SÃO PAULO, SP

O pintor Almeida Júnior criou esta obra chamada *A partida da monção* em 1897.

Bandeirantes paulistas descobriram ouro em Cuiabá, no atual estado de Mato Grosso.

Tempos depois, outros descobrimentos foram feitos nessa região e novos povoados surgiram. Mas seus habitantes levavam uma existência muito difícil, pois havia falta de tudo, até mesmo de alimentos.

Os paulistas então passaram a abastecer de alimentos, instrumentos de trabalho, armas e pólvora aqueles lugares distantes.

O transporte das mercadorias era feito em canoas que partiam do porto de Araritaguaba, atual Porto Feliz, no Rio Tietê.

Essas viagens chegavam a durar até cinco meses e se realizavam sobretudo na estação das chuvas, época em que a navegação em nossos rios é mais fácil.

Essas expedições de comércio recebiam o nome de **monções**. Os rios percorridos foram Tietê, Paraíba do Sul, Paraná e São Francisco.

As monções, como as bandeiras, contribuíram para o aumento de nosso território.

ATIVIDADES...

1. O que foram as monções?

2. Como era feito esse abastecimento?

3. Quais eram os rios usados pelas monções?

4. Coloque **V** se for verdadeiro e **F** se for falso.

- [ ] As entradas não ultrapassavam o meridiano das Tordesilhas.
- [ ] Os bandeirantes ajudaram a conhecer o interior do Brasil.
- [ ] Fernão Dias participava de uma bandeira de "caça ao índio".
- [ ] Bartolomeu Bueno da Silva Filho descobriu ouro em Goiás.
- [ ] Borba Gato descobriu as minas de Sabará.
- [ ] As bandeiras do ouro estavam encarregadas de aprisionar os indígenas.
- [ ] As bandeiras, em sua fase inicial, caçavam o indígena.
- [ ] As bandeiras de mineração tinham por fim procurar riquezas minerais, ouro, diamantes.
- [ ] As bandeiras não contribuíram na expansão territorial.
- [ ] Monções eram expedições de comércio que percorriam os rios Tietê, Paraíba do Sul, Paraná e São Francisco.

REFORÇO 20

A mineração

A mineração foi a atividade econômica que ocorreu no Brasil colônia a partir do século XVIII. Os principais centros de mineração foram Minas Gerais, Mato Grosso e Goiás.

O ouro era conseguido às margens dos rios ou no subsolo. Próximo às minas surgiram povoações que se transformaram em importantes vilas e cidades.

Durante quase todo o século XVIII, a região da mineração foi o centro econômico do Brasil colônia. Essa atividade provocou o desenvolvimento de um comércio interno, porque os mineiros necessitavam de abastecimento e compravam o que necessitavam (alimentos, animais para transporte, utensílios, roupas) de mercadores que vinham de outros lugares do Brasil.

Consequências da mineração

- Povoamento do interior, pois até aquela data o povoamento concentrava-se só no litoral.
- Ocorreu a Inconfidência Mineira, um movimento para libertar o Brasil de Portugal.
- Construíram-se casas e igrejas luxuosas.
- Apareceram as primeiras estradas ligando o interior aos portos do litoral, a fim de poderem exportar ouro.
- Mudança da capital do Brasil de Salvador para o Rio de Janeiro, que ficava mais perto da região das minas.

ATIVIDADES...

1. Complete as lacunas.

a) Com a mineração ocorreu a mudança da capital do Brasil de ______________ para o ______________.

b) A mineração deu-se no século ______________ e os principais centros foram ______________, ______________ e ______________.

2. Escreva **V** se for verdadeiro e **F** se for falso.

Foram consequências da mineração:

- ( ) Mudança da capital do Brasil.
- ( ) Construção de estradas de ferro.
- ( ) Construção de igrejas e casas luxuosas.
- ( ) A Inconfidência Mineira.
- ( ) A libertação dos escravos.

3. Leia com atenção o texto a seguir.

A expansão do gado

Foi Martim Afonso de Sousa quem trouxe as primeiras cabeças de gado para o Brasil, introduzidas na região de São Vicente. Tomé de Sousa, o primeiro governador-geral, deu início à criação de gado no Nordeste. Nessa região, a criação de gado iniciou-se próximo à área de plantação de cana-de-açúcar, porque era necessário para a alimentação, mover os engenhos, puxar os carros que transportavam a cana etc.

Mais tarde, a pecuária expandiu-se para o interior, em busca de novas pastagens. A criação de gado atingiu as regiões do vale do Rio São Francisco e todo o sertão nordestino, estendendo-se, depois, para Mato Grosso e Goiás.

Os jesuítas criavam gado no sul do Brasil, nas missões religiosas.

O gado, além da carne e do leite, fornecia o couro, que tinha muitas aplicações na colônia. Houve até uma época chamada época do couro, pois tudo era feito de couro: cordas, roupas, calçados, arreios, bancos, camas etc. Além disso, o couro era exportado para a Europa.

Resultados da expansão do gado

- Conquistas e povoações de vasta área, que era ocupada pelos indígenas.
- Abertura de estradas.
- Fundação de povoados e vilas às margens dos caminhos da boiada.
- Aparecimento de novos tipos regionais: o vaqueiro no sertão do Nordeste e o tropeiro no sul do país.

Organize atividades (com as respostas) sobre o texto acima. Você pode criar perguntas, fazer cruzadinha, exercício de falso ou verdadeiro, exercício de marcar com **x** as respostas corretas etc.

REFORÇO 21

Revoltas coloniais

Com o tempo, os habitantes da colônia começaram a se sentir mais brasileiros do que portugueses. Além disso, as leis e decisões do governo português não os beneficiavam. Em muitos lugares os colonos acabaram se revoltando contra os abusos da política portuguesa.

Aclamação de Amador Bueno da Ribeira

Quando Portugal se libertou do domínio espanhol, em 1640, deu-se a restauração do trono português, na pessoa de D. João IV. Na vila de São Paulo, porém, muitos moradores, achando que era uma boa ocasião para um movimento de libertação, resolveram aclamar o paulista Amador Bueno da Ribeira como rei de São Paulo.

Ele respondeu a essa aclamação com vivas a D. João IV, rei de Portugal. Em seguida, escondeu-se no mosteiro de São Bento, até que os moradores de São Paulo se acalmassem.

Amador Bueno tornou-se conhecido como o "homem que não quis ser rei".

Revolta de Beckman

Em 1682, foi criada pelo governo português a Companhia de Comércio do Maranhão.

Essa Companhia pagava baixos preços pelos produtos maranhenses e vendia ao Maranhão mercadorias de qualidade inferior, a preços altos.

A Companhia tanto explorou o povo que este acabou por se revoltar, sob a chefia de Manuel Beckman.

Essa revolta acabou com a Companhia de Comércio, depôs as autoridades e expulsou os padres jesuítas da região.

Os portugueses sufocaram a revolta e prenderam os principais chefes.

Manuel Beckman, abandonado pelos companheiros, fugiu para o interior. Traído por seu afilhado, Lázaro de Melo, ele foi preso no seu engenho do Mearim. Foi condenado à morte, tendo sido enforcado.

ATIVIDADES...

1. Por que ocorreram revoltas dos colonos contra o governo português?

2. Quem foi Amador Bueno da Ribeira?

3. Como agia a Companhia de Comércio do Maranhão, criada pelo governo português em 1682?

4. Por que a população do Maranhão se revoltou e quem chefiou essa revolta?

REFORÇO 22

Mais revoltas coloniais

Guerra dos Emboabas

A notícia da descoberta das minas de ouro atraiu muitos portugueses e moradores de outras capitanias para a região de Minas Gerais, que os bandeirantes paulistas desbravaram.

Começou então o desentendimento pela posse das minas. Formaram-se dois grupos: o dos paulistas e o dos emboabas (nome que os paulistas davam aos não paulistas, significando forasteiro invasor).

Os emboabas resolveram escolher como governador das minas o português Manuel Nunes Viana e os paulistas que viviam na região não aceitaram, iniciando um período de muitas lutas entre os dois grupos. O mais importante combate travou-se às margens do Rio das Velhas, onde os paulistas caíram em uma emboscada preparada pelos emboabas.

Morreram muitos paulistas e os que restaram pretendiam vingar-se. Mas o governador do Rio de Janeiro conseguiu estabelecer a paz entre eles. Os paulistas derrotados abandonaram a região.

O lugar onde se deu a luta entre paulistas e emboabas ficou conhecido como Capão da Traição.

Guerra dos Mascates

Havia uma rivalidade em Pernambuco entre os habitantes de Olinda e Recife.

A vila de Olinda era habitada por senhores de engenho, enquanto a maioria dos habitantes de Recife eram portugueses comerciantes, chamados por isso de mascates.

Como Recife prosperava, foi elevada à categoria de vila.

Foi então erguido o Pelourinho, um obelisco de pedra, símbolo de autonomia.

Os olindenses se revoltaram, porque não queriam que Recife se separasse. Por isso invadiram a vila, começando assim a Guerra dos Mascates.

De Portugal veio um novo governador, que prendeu alguns senhores de engenho e confirmou Recife como vila, tornando-a capital da capitania de Pernambuco.

ATIVIDADES...

1. O que aconteceu com a notícia da descoberta das minas de ouro?

2. Qual foi o motivo do desentendimento entre bandeirantes paulistas e não paulistas?

3. Que nome os paulistas davam aos não paulistas?

4. Quem foi aclamado pelos emboabas governador das minas?

5. Como os paulistas reagiram diante de um governador "emboaba"?

6. Onde se deu o combate mais importante da Guerra dos Emboabas? Qual grupo saiu vitorioso?

7. Como terminou a Guerra dos Emboabas?

8. O que foi a Guerra dos Mascates?

9. Que nome os olindenses davam aos recifenses?

10. O que aconteceu a Recife?

11. O que fizeram os olindenses?

12. Como terminou a Guerra dos Mascates?

REFORÇO 23

Revoltas em Minas

Revolta de Filipe dos Santos

Em 1720 deu-se uma revolta em Vila Rica, em Minas Gerais.

O principal motivo dessa revolta foi a instalação, pelo governo português, da Casa de Fundição.

MUSEU ANTÔNIO PARREIRAS NITERÓI/RJ

Em 1889, o pintor Antônio Parreiras representou neste quadro o julgamento de Filipe dos Santos.

Nessa casa, o ouro era fundido e transformado em barras; depois, separava-se o quinto, um imposto pago a Portugal correspondente à quinta parte da produção de ouro.

Um grupo de mineradores, chefiados por Filipe dos Santos, revoltou-se, mas a revolta foi denunciada ao governador de Minas Gerais, o Visconde de Assumar, que mandou prender Filipe dos Santos. Condenado à morte, ele foi enforcado e esquartejado em praça pública, em Vila Rica.

Inconfidência Mineira

Com a riqueza proveniente das minas, muitos brasileiros foram estudar na Europa e de lá trouxeram ideias de liberdade e igualdade, fazendo nascer as primeiras manifestações pela nossa independência.

Esse ideal se fortificou com a independência dos Estados Unidos da América.

Nessa ocasião, a situação econômica da capitania de Minas não era boa, pois a produção de ouro se achava cada vez mais reduzida.

Muita gente que havia enriquecido estava agora cheia de dívidas, inclusive com o governo.

Para piorar a situação, o governador de Minas Gerais, Visconde de Barbacena, resolveu lançar a **derrama**, que era a cobrança dos impostos atrasados.

Em Vila Rica começou o planejamento de uma revolta, da qual tomavam parte militares, comerciantes, padres, advogados e estudantes.

Essa revolta pretendia:

- libertar Minas Gerais e toda a colônia do domínio português;
- criar uma universidade em Vila Rica;
- estimular o desenvolvimento das indústrias no Brasil.

Sua bandeira trazia uma inscrição em latim, *Libertas quae será tamem*, que queria dizer "Liberdade ainda que tardia".

A revolta deveria estourar no dia da cobrança dos impostos atrasados (dia da derrama).

Os inconfidentes eram: o alferes Joaquim José da Silva Xavier, apelidado de Tiradentes, Tomás Antônio Gonzaga, Cláudio Manuel da Costa, Alvarenga Peixoto, José Álvares Maciel e outros.

Os inconfidentes foram traídos por Joaquim Silvério dos Reis, que denunciou todos os planos ao governador Visconde de Barbacena. Com isso, a derrama foi suspensa e os revolucionários, presos.

Condenado à morte, Tiradentes foi enforcado no dia 21 de abril de 1792, no Rio de Janeiro. Os outros conspiradores foram processados e condenados ao exílio perpétuo, a maioria na África.

Tiradentes é considerado o "Mártir da Independência".

COLEÇÃO PARTICULAR

O sacrifício de Tiradentes, obra de Alberto Guignard, 1961.

ATIVIDADES...

1. O que eram casas de fundição?

2. Por que ocorreu a Revolta de Filipe dos Santos?

3. Como se chamava o imposto que os mineradores pagavam a Portugal?

4. Quem trouxe as ideias de liberdade e igualdade para o Brasil?

5. Qual era, nessa ocasião, a situação econômica na capitania de Minas?

6. O que era a derrama?

7. Onde começou a revolta? Dê o nome de algumas pessoas que nela tomaram parte.

8. Quando a revolta deveria estourar?

9. O que pretendiam os inconfidentes?

10. Quem traiu a conspiração?

11. O que o Visconde de Barbacena fez quando soube dos planos da revolta?

12. O que aconteceu aos participantes da revolta?

13. Assinale **V** se for verdadeiro e **F** se for falso.

- ☐ Os participantes da Inconfidência Mineira foram vitoriosos.
- ☐ O Brasil devia mandar a Portugal o "quinto" da produção das minas.
- ☐ A Inconfidência Mineira foi tramada na cidade de Vila Rica.
- ☐ Tiradentes foi enforcado em Vila Rica.
- ☐ Cláudio Manuel da Costa traiu a conspiração.
- ☐ O nome de Tiradentes era Joaquim José da Silva Xavier.
- ☐ Joaquim Silvério dos Reis foi condenado à morte.
- ☐ Derrama era a cobrança dos impostos atrasados.

REFORÇO 24

A família real portuguesa veio para o Brasil

Armando Viana, um pintor do século XX, fez este quadro chamado *Chegada do príncipe D. João à Igreja do Rosário*, mostrando a chegada da família real portuguesa ao Brasil.

No início do século XIX, a França estava em guerra com a Inglaterra. O imperador da França, Napoleão Bonaparte, ordenou o Bloqueio Continental contra a Inglaterra, pelo qual eram fechados os portos europeus ao comércio inglês.

Nessa época, Portugal era aliado dos ingleses e, por isso, os portugueses não queriam aderir ao bloqueio. Como o governo português não obedeceu à ordem de Napoleão, foi invadido pelas tropas francesas.

D. João, príncipe-regente de Portugal, que governava o país em lugar de sua mãe doente, D. Maria I, resolveu vir para o Brasil com toda a sua corte.

D. João chegou à Bahia em 1808, sendo festivamente recebido em Salvador. Em seguida, no dia 28 de janeiro, assinou o decreto de Abertura dos Portos do Brasil às Nações Amigas, pois, com esse ato, os navios das nações amigas poderiam comerciar livremente com o Brasil. A abertura dos portos foi muito importante para o Brasil, que passou a ter liberdade comercial.

Após um mês de sua chegada, o príncipe rumou com sua família para o Rio de Janeiro, instalando aí o seu governo.

Durante a sua permanência no Brasil, D. João tomou algumas medidas:

- criação do arquivo militar, da Imprensa Régia, do Banco do Brasil, da fábrica de pólvora e do Jardim Botânico;
- instalação de escolas médicas, do museu e da biblioteca reais, da Academia Militar, da Academia de Belas-Artes etc.

Em 1815, D. João elevou o Brasil à categoria de Reino Unido a Portugal e Algarve. A partir daí, as capitanias passaram a ser denominadas províncias.

Com a morte de D. Maria I, o príncipe-regente foi aclamado rei como D. João VI.

Em 1821, devido a importantes acontecimentos e exigências de Portugal, D. João VI teve de deixar o Brasil, onde vivera durante treze anos.

Ao partir para Portugal, deixou o Brasil entregue a seu filho, o príncipe D. Pedro, a quem disse: "Pedro, se o Brasil se separar, antes seja para ti, que me hás de respeitar, do que para alguns desses aventureiros".

A consequência mais importante da vinda da família real para o Brasil foi a preparação da Independência, que se daria alguns anos depois.

ATIVIDADES...

1. O ano de 1808 é considerado marcante para o Brasil. O que aconteceu de importante nessa data?

2. O que foi o Bloqueio Continental?

3. Por que Portugal não aderiu ao Bloqueio?

4. Qual foi o primeiro ato de D. João ao chegar ao Brasil?

5. Por que esse decreto foi importante?

6. Em 1815 o Brasil deixou de ser uma colônia. O que aconteceu?

7. Com a morte de D. Maria I, o que aconteceu ao príncipe D. João?

8. Cite alguns melhoramentos introduzidos por D. João no Brasil.

9. Por que D. João VI teve de deixar o Brasil e quantos anos viveu aqui?

10. Quem D. João VI deixou no Brasil, e o que lhe disse na hora da partida?

11. Qual foi a consequência mais importante da vinda da família real?

12. Escreva **C** se for certo e **E** se for errado.

- ☐ D. João chegou em 1808 à Bahia, onde instalou definitivamente a corte.
- ☐ Em 1808 D. João assinou a Abertura dos Portos às Nações Amigas, liberando o comércio do Brasil.
- ☐ D. João criou a Imprensa Régia no Brasil, raiz dos meios de comunicação no país.
- ☐ Em 1815 D. João elevou o Brasil à categoria de Reino Unido a Portugal e Algarve. A partir daí, as capitanias passaram a ser denominadas províncias.
- ☐ Desde a chegada da corte ao Brasil, D. João era rei de Portugal.

13. Em grupo, comente e debata o significado da frase de D. João VI ao seu filho D. Pedro: "Pedro, se o Brasil se separar, antes seja para ti, que me hás de respeitar, do que para alguns desses aventureiros".

REFORÇO 25

A Independência do Brasil

Após a partida de D. João VI, os portugueses tentaram transformar de novo o Brasil em uma colônia de Portugal. Para isso, queriam que D. Pedro também voltasse para Lisboa.

Os brasileiros reagiram. Em 9 de janeiro de 1822, José Clemente Pereira entregou um abaixo-assinado a D. Pedro, com mais de 8 mil assinaturas, pedindo-lhe que ficasse no Brasil. O príncipe-regente respondeu: "Como é para o bem de todos e a felicidade geral da nação, estou pronto: diga ao povo que fico". Esse dia ficou conhecido no Brasil como o "Dia do Fico".

MUSEU IMPERIAL DE PETRÓPOLIS, RJ

D. Pedro I, imperador e defensor perpétuo do Brasil, quadro de Henrique José da Silva, de 1897.

D. Pedro nomeou José Bonifácio de Andrada e Silva para o cargo de ministro. Decretos importantes foram aprovados, tais como:

- a não execução de qualquer ordem vinda de Lisboa sem o consentimento de D. Pedro;
- a concessão do título de "Defensor Perpétuo do Brasil" ao príncipe-regente;
- a proibição da entrada de tropas portuguesas no Brasil.

Em agosto, D. Pedro viajou para São Paulo. Quando voltava de Santos para a cidade de São Paulo, junto ao riacho Ipiranga, encontrou-se com um mensageiro que lhe entregou documentos de Portugal, exigindo sua volta imediata, e duas cartas: uma de José Bonifácio e outra de sua esposa, a princesa Leopoldina, aconselhando-o a proclamar a Independência do Brasil.

D. Pedro, após a leitura, exclamou: "Independência ou Morte!", proclamando o Brasil separado de Portugal.

Era o entardecer do dia 7 de setembro de 1822.

Quando voltou ao Rio de Janeiro, D. Pedro foi aclamado imperador do Brasil, com o título de D. Pedro I.

Saiba que

- D. Pedro I compôs a música do "Hino da Independência" e Evaristo da Veiga escreveu a letra.
- Na época da Independência, a esposa de D. Pedro chamava-se Maria Leopoldina.

ATIVIDADES...

1. O que exigiram os portugueses assim que D. João VI chegou a Portugal?

2. Como ficou conhecido no Brasil esse dia (9 de janeiro de 1822)?

3. Que resposta o príncipe deu ao povo ao receber um abaixo-assinado pedindo-lhe que ficasse no Brasil?

4. Quem foi nomeado ministro?

5. Que título D. Pedro recebeu?

6. O que aconteceu quando D. Pedro voltava de Santos para São Paulo?

7. O que D. Pedro fez após a leitura das cartas?

8. Em que dia se deu esse fato?

9. Como José Bonifácio é chamado?

10. Em grupo, comente o significado para os brasileiros do 7 de setembro e debata se, de fato, o Brasil se tornava independente.

11. Resolva a cruzadinha:

1. D. Pedro foi o primeiro imperador do ______________________.
2. Nome do riacho em cujas margens foi proclamada a Independência.
3. Primeiro nome de quem proclamou a Independência.
4. Mês da proclamação da Independência.
5. O Brasil era colônia de ______________________.
6. D. Pedro foi aclamado ______________________ Perpétuo do Brasil.
7. Cidade de onde vinha D. Pedro quando recebeu as cartas de Portugal.
8. Um dos sobrenomes dos três irmãos que foram vultos da Independência.
9. Segundo nome de quem levou o abaixo-assinado a D. Pedro.
10. Nome do Patriarca da Independência.
11. José Bonifácio é considerado ______________________ da Independência.
12. Primeiro nome do autor da letra do Hino da Independência.
13. Nome da esposa de D. Pedro.

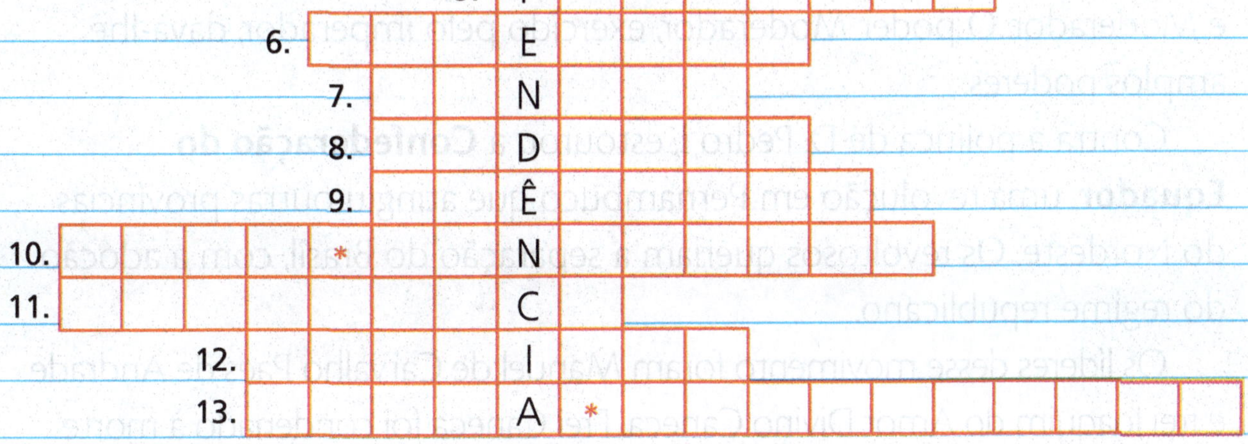

REFORÇO

26 O Primeiro Reinado

O Primeiro Reinado foi o período em que D. Pedro I governou o Brasil (1822-1831).

BIBLIOTECA NACIONAL, RIO DE JANEIRO

Coroação de Dom Pedro I, obra de Jean-Baptiste Debret, 1828.

Em algumas províncias as tropas portuguesas reagiram contra a nossa independência. Para consolidar a Independência foi preciso vencer essas tropas fiéis ao governo de Portugal. Por isso ocorreram lutas em vários locais do Brasil.

Em 3 de maio de 1823, reuniu-se a Assembleia Constituinte, a fim de elaborar uma Constituição para o Brasil. Como D. Pedro I não concordou com o projeto elaborado pela Assembleia, dissolveu-a. Mais tarde, outorgou, isto é, impôs uma Constituição para o Brasil, em 25 de março de 1824. Por ela foi estabelecida a monarquia constitucional como regime político. Ficaram estabelecidos quatro poderes: Executivo, Legislativo, Judiciário e Moderador. O poder Moderador, exercido pelo imperador, dava-lhe amplos poderes.

Contra a política de D. Pedro I, estourou a **Confederação do Equador**, uma revolução em Pernambuco que atingiu outras províncias do Nordeste. Os revoltosos queriam a separação do Brasil, com a adoção do regime republicano.

Os líderes desse movimento foram Manuel de Carvalho Paes de Andrade e frei Joaquim do Amor Divino Caneca. Frei Caneca foi condenado à morte.

Aumentou a oposição ao governo de D. Pedro I. Até os irmãos Andrada ficaram contra o imperador.

Em 1826, D. João VI faleceu e D. Pedro I foi aclamado rei de Portugal, mas ele abdicou e permaneceu à frente do trono do Brasil.

Em 1831, D. Pedro I demitiu o seu ministério brasileiro e popular, nomeando um novo, formado só de portugueses. O povo exigiu a volta do antigo ministério, mas o imperador não quis ceder.

Em 7 de abril de 1831, D. Pedro I abdicou do trono brasileiro em favor de seu filho, D. Pedro de Alcântara, partindo para Portugal. Com a sua abdicação, terminou o Primeiro Reinado.

Saiba que

- Morreu a imperatriz Leopoldina e D. Pedro casou-se pela segunda vez com a princesa Dona Amélia.
- D. Pedro I renunciou à Coroa de Portugal, entregando-a à sua filha Dona Maria da Glória.

ATIVIDADES...

1. Que aconteceu em algumas províncias assim que a Independência do Brasil foi proclamada?

2. Como seria feita a primeira Constituição brasileira?

3. E como de fato foi feita a nossa primeira Constituição?

4. Quais foram os poderes que passaram a existir no Brasil, pela Constituição de 1824?

5. Esses poderes ainda existem no Brasil atual?

6. Complete.

a) Nome da revolta que começou em Pernambuco:

b) Esse movimento pretendia:

c) Líderes desse movimento:

7. Quando D. João VI morreu, D. Pedro I tornou-se rei de Portugal? Explique.

REFORÇO

27 As Regências

D. Pedro de Alcântara não podia assumir o trono do Brasil porque era menor de idade. Nesse caso, a Constituição previa que o governo seria exercido por pessoas que teriam o cargo de regentes. Dessa forma, de 1831 a 1840, tivemos o período da **Regência**.

Inicialmente o governo seria composto por três regentes, mais tarde decidiu-se por apenas um regente.

As regências foram:

Regência Trina Provisória – formada por Francisco de Lima e Silva, Carneiro de Campos e Campos Vergueiro; governou o Brasil apenas três meses.

Regência Trina Permanente – era composta por Francisco de Lima e Silva, Bráulio Muniz e Costa Carvalho. Tinha como ministro da Justiça padre Diogo Antônio Feijó.

Regência Una de padre Diogo Antônio Feijó – a primeira regência foi ocupada pelo padre Diogo Antônio Feijó e durou dois anos. Nessa regência ocorreram as seguintes revoltas:

- Guerra dos Farrapos, no Rio Grande do Sul;
- Cabanagem, no Pará.

Regência Una de Pedro de Araújo Lima – o regente foi o senador Pedro de Araújo Lima.

Alguns fatos que marcaram essa regência:

- Revolta da Balaiada, no Maranhão;
- Revolta da Sabinada, na Bahia;
- continuação da Guerra dos Farrapos;
- fundação do Colégio D. Pedro II, no Rio de Janeiro;
- criação do Instituto Histórico e Geográfico.

A maioridade de D. Pedro II

As lutas continuavam em vários pontos do país. O Congresso resolveu, então, declarar a maioridade de D. Pedro de Alcântara, com 15 anos de idade, e entregar-lhe o governo.

Em 1840, D. Pedro II foi coroado imperador do Brasil, governando durante quase cinquenta anos.

Saiba que

A revolta mais longa do período regencial foi a Guerra dos Farrapos, que ocorreu no atual estado do Rio Grande do Sul, o qual se separou e formou uma república com o nome de República Rio-Grandense. Tomaram parte nela Bento Gonçalves, David Canabarro e o italiano Giuseppe Garibaldi. A Guerra dos Farrapos foi pacificada por Luís Alves de Lima e Silva, depois Duque de Caxias, no governo de D. Pedro II.

Giuseppe Garibaldi casou-se com uma brasileira, Anita, e ambos lutaram pela unificação da Itália. Garibaldi é conhecido pelo apelido de "Herói de dois mundos".

ATIVIDADES...

1. Por que D. Pedro de Alcântara não podia governar o Brasil?

2. Qual era a função das regências?

3. Qual foi a primeira regência constituída depois da abdicação, e quais foram os seus componentes?

4. Quais foram os componentes da Regência Trina Permanente?

5. Qual cargo padre Feijó ocupou na Regência Trina Permanente?

6. Quem foi o primeiro regente uno, e quais foram as revoltas desse período?

7. Quem foi regente na segunda Regência Una?

8. Quais foram as revoltas que aconteceram nessa regência?

9. Quais foram as instituições fundadas no Rio de Janeiro durante a quarta regência?

10. Por que resolveram proclamar a maioridade de D. Pedro, e com quantos anos ele estava?

11. Assinale no caça-palavras as palavras relacionadas com o texto. Faça uma lista das palavras que você encontrou.

H	C	M	Q	R	S	X	Z	C	E
S	A	B	I	N	A	D	A	D	F
C	B	A	L	A	I	A	D	A	H
F	A	R	R	A	P	O	S	G	J
D	N	M	P	B	E	N	T	O	L
G	A	O	T	U	V	B	I	M	N
H	G	A	R	I	B	A	L	D	I
J	E	N	C	A	X	I	A	S	X
O	M	O	P	Q	S	R	V	U	Z

REFORÇO 28

O Segundo Reinado

O longo governo de D. Pedro II

MUSEU IMPERIAL DE PETRÓPOLIS, RJ

Fotografia de D. Pedro II em 1887.

D. Pedro II governou o Brasil de 1840 até a proclamação da República, em 1889.

Ao iniciar seu governo, D. Pedro II tratou de reprimir e fazer terminar as revoltas que ocorriam em várias províncias do país.

Foram pacificadas duas revoltas iniciadas no período regencial: a Balaiada, no Maranhão, e a Guerra dos Farrapos, no Rio Grande do Sul.

Dois novos movimentos estouraram logo no início do Segundo Reinado: a Revolta Liberal, em São Paulo e Minas Gerais, e a Revolução Praieira, na província de Pernambuco. Ambos foram dominados pelo governo. No processo de pacificação do país, destacou-se a ação de Luís Alves de Lima e Silva, o Duque de Caxias.

O progresso do Brasil no Segundo Reinado

O reinado de D. Pedro II foi um período de grandes transformações políticas e econômicas e de grande apoio às atividades culturais e às artes. D. Pedro II era uma pessoa muito culta e protegia cientistas, artistas, poetas, músicos e pintores.

Desenvolvimento cultural

No Segundo Reinado foram abertas as escolas de Direito de São Paulo e de Recife.

Foram fundadas várias escolas primárias, normais, ginásios, liceus, faculdades de Engenharia, Medicina, Belas-Artes, Música etc.

Destacaram-se, entre outros:

Na **literatura** (poetas e escritores): Machado de Assis, José de Alencar, Castro Alves, Casimiro de Abreu, Gonçalves Dias, Olavo Bilac, Joaquim Manuel de Macedo, Visconde de Taunay, Rui Barbosa etc.

Nas **artes plásticas**: Vítor Meireles, Pedro Américo, Almeida Júnior.

No **teatro**: Martins Pena, João Caetano.

Na **música**: Carlos Gomes, Francisco Manuel da Silva.

Nas **ciências**: Frei José Mariano, Frei Leandro do Sacramento.

Indústria e comércio

A indústria do Brasil, durante o Segundo Reinado, muito deve a Irineu Evangelista de Sousa, Barão e Visconde de Mauá.

Foram instaladas indústrias, fundados numerosos bancos e inaugurada a iluminação a gás no Rio de Janeiro.

As principais indústrias instaladas foram a têxtil, a de fundição e a de couro.

Transportes

As indústrias e o comércio favoreceram o desenvolvimento dos transportes. Nesse setor também se destaca o Visconde de Mauá. A ele devemos a primeira estrada de ferro do Brasil, a navegação fluvial no Rio

Amazonas, a construção de navios nos estaleiros de Niterói e a construção de pequenos vapores nos rios Paraná e São Francisco.

Comunicações

Inauguraram-se a primeira linha telegráfica, fazendo a ligação entre o Rio de Janeiro e Petrópolis, e o cabo submarino ligando o Brasil à Europa.

Saiba que

A primeira estrada de ferro construída no Brasil foi inaugurada por Mauá. Tinha catorze quilômetros e meio de extensão e fazia a ligação entre o litoral e a raiz da serra de Petrópolis, Rio de Janeiro.

ATIVIDADES...

1. Qual foi a primeira providência de D. Pedro II ao iniciar o seu governo?

2. Quais foram as revoltas iniciadas no período das regências e que foram pacificadas?

3. Quais foram as novas revoltas internas ocorridas durante o governo de D. Pedro II e o que aconteceu com elas?

4. Quem se destacou na pacificação do país?

5. Em grupo, pesquise e escreva a biografia do Visconde de Mauá.

REFORÇO

29 A economia cafeeira

Mapa da expansão da cultura cafeeira no Rio de Janeiro e São Paulo

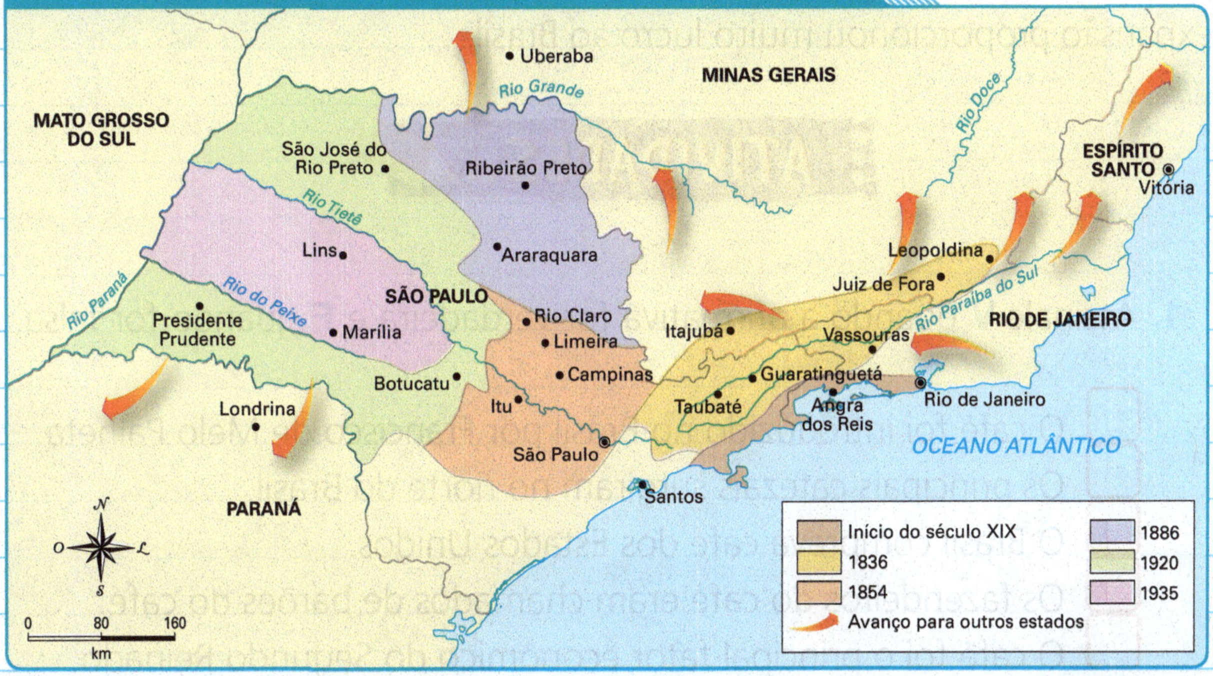

Foi Francisco de Melo Palheta quem trouxe o café da Guiana Francesa para o Brasil, introduzindo as primeiras mudas no Pará. A princípio, a planta foi cultivada apenas no norte do país, sem muito sucesso.

Os principais cafezais começaram a surgir no Rio de Janeiro. Depois, o café passou a ser cultivado no Vale do Paraíba e chegou à província de São Paulo, onde foi se desenvolvendo em direção ao oeste, por encontrar um solo favorável à sua cultura, chamado terra roxa.

Foram criadas muitas fazendas de café, e os fazendeiros passaram a ser conhecidos como os "barões do café".

Com o tempo, o Brasil começou a exportar café para os Estados Unidos e países da Europa.

Devido ao café:

- foram construídas rodovias e ferrovias;

- introduziram-se imigrantes (principalmente italianos) para trabalhar nas lavouras;
- aparelhou-se o porto de Santos para exportação do produto.

O café foi o principal fator econômico do Segundo Reinado e sua expansão proporcionou muito lucro ao Brasil.

ATIVIDADES...

1. Assinale **V** quando a afirmativa for verdadeira e **F** quando for falsa.

   ☐ O café foi introduzido no Brasil por Francisco de Melo Palheta.
   ☐ Os principais cafezais surgiram no norte do Brasil.
   ☐ O Brasil comprava café dos Estados Unidos.
   ☐ Os fazendeiros do café eram chamados de barões do café.
   ☐ O café foi o principal fator econômico do Segundo Reinado.

2. Quais foram os resultados do desenvolvimento do café para São Paulo?

3. Faça, com seus colegas, um painel sobre o café e seus produtos derivados. Use recortes de jornais e revistas, fotos etc. Escreva legendas explicando as imagens.

REFORÇO 30

A Guerra do Paraguai

O presidente do Paraguai, Francisco Solano Lopes, pretendia dar a seu país uma saída para o mar, a fim de facilitar as atividades comerciais. Essa ampliação das dimensões de seu país tornou-se uma ameaça para o Brasil, a Argentina e o Uruguai.

Em 1865, Solano Lopes mandou aprisionar o navio brasileiro **Marquês de Olinda**, que subia o Rio Paraná, nessa época, o único caminho para Mato Grosso.

Também foi preso Carneiro de Campos, que se encontrava no navio e era o novo governador dessa província.

Solano Lopes invadiu o sul do Mato Grosso e pretendia atacar o Rio Grande do Sul, sendo que para isso deveria primeiro invadir a Argentina.

Mapa da Guerra do Paraguai

O Brasil aliou-se à Argentina e ao Uruguai para combater os paraguaios, formando a **Tríplice Aliança**.

A Guerra do Paraguai durou cinco anos. Durante esse período de 1865 a 1870, travaram-se batalhas, com perda de muitas vidas humanas. Algumas delas foram: **Batalha Naval de Riachuelo**, **Uruguaiana**, **Tuiuti**, **Dezembrada** (série de batalhas travadas no mês de dezembro de 1868, da qual fazem parte as batalhas de Avaí, Itororó, Lomas Valentinas e Angostura, todas vencidas por Caxias – Luís Alves de Lima e Silva).

A partida das tropas brasileiras para o Paraguai. Imagem publicada na *Revista Ilustrada*, em 1865.

Em 1869, os brasileiros chegaram a Assunção, capital do Paraguai. Caxias adoeceu, regressando ao Brasil e entregando o comando das tropas ao Conde d'Eu, marido da princesa Isabel, filha de D. Pedro II.

Perseguido, Solano Lopes fugiu para a região das Cordilheiras. Os paraguaios sofreram novas derrotas. Em março de 1870, Lopes foi morto em Cerro Corá. Com isso, terminou a Guerra do Paraguai, com a vitória das forças da Tríplice Aliança.

O Paraguai saiu arrasado dessa guerra, com a morte de mais de dois terços da população masculina, inclusive meninos.

Atualmente o Brasil e o Paraguai mantêm relações de amizade, por meio de acordos com o Mercosul (Mercado Comum do Sul).

ATIVIDADES...

1. Por que ocorreu a Guerra do Paraguai?

2. Com quem o Brasil se aliou e qual foi o resultado dessa aliança?

3. Como a guerra começou?

4. Quanto tempo durou a Guerra do Paraguai?

5. Qual foi o resultado da guerra para o Paraguai?

6. Como estão hoje as relações entre o Brasil e o Paraguai?

7. Complete as lacunas.

a) Foram batalhas travadas na Guerra do Paraguai: Batalha Naval ____________________, Batalha de ____________________, ____________________, que foi uma série de batalhas das quais fazem parte as de ____________________, ____________________ e ____________________.

b) Solano Lopes foi morto em ____________________.

c) Comandava as tropas brasileiras o Duque ____________________. Entretanto, no final da guerra quem assumiu o comando foi o ____________________, marido da ____________________.

8. Assinale com um **x** as respostas corretas.

Ao término da Guerra do Paraguai, esse país:

- [ ] venceu o conflito, tornando-se poderoso.
- [ ] foi derrotado pelos países da Tríplice Aliança.
- [ ] Quem comandou as tropas brasileiras no final da guerra foi o Duque de Caxias.
- [ ] Em 1869 os brasileiros chegaram a Assunção, capital do Paraguai.
- [ ] A batalha do Itororó aconteceu em dezembro de 1868.

9. Faça um pesquisa para saber quem eram e como eram recrutados os soldados brasileiros que lutaram na Guerra do Paraguai. Uma dica: procure descobrir o significado de "Voluntários da Pátria".

REFORÇO 31

A libertação dos escravos

No começo da nossa colonização já existia a escravização de indígenas. Como trazer escravos da África gerava mais lucros (com o tráfico negreiro), Portugal introduziu a mão de obra do escravo negro. Os negros vinham da África para o Brasil nos porões dos navios negreiros; muitos deles morriam durante a viagem.

Aqui chegando, eram conduzidos aos mercados, para serem vendidos. Inicialmente eram comprados pelos fazendeiros para trabalhar nas lavouras de cana-de-açúcar. Mais tarde, a mão de obra escrava foi utilizada na mineração e nas fazendas de café.

BIBLIOTECA NACIONAL, RIO DE JANEIRO

Mercado de negros, obra de Johann Moritz Rugendas, 1835.

Os escravos não tinham direito nenhum, não recebiam salários, viviam sob as ordens de seus donos, moravam em grandes barracões chamados senzalas.

Os escravos fugidos das fazendas fundavam povoados escondidos dentro das matas ou em regiões distantes e passavam a viver ali, em liberdade. Esses povoados chamavam-se quilombos. O mais famoso foi o Quilombo dos Palmares, no atual estado de Alagoas. Esse quilombo foi destruído pelo bandeirante paulista Domingos Jorge Velho.

Ainda hoje, no Brasil, existem centenas de locais que foram quilombos e onde vivem os descendentes dos quilombolas.

No Brasil, foram introduzidos mais de três milhões de escravos negros.

Retratos de uma escrava e de um escravo tirados por Alberto Henschel em 1870, no Rio de Janeiro.

Em 1850, a Lei Eusébio de Queirós proibiu o tráfico de escravos, porém a escravidão continuava no Brasil.

Em 28 de setembro de 1871, foi assinada a Lei do Ventre Livre, que declarava livres os filhos de mulher escrava nascidos a partir daquela data. Entretanto, os filhos de escravos tinham de ficar trabalhando para o dono de suas mães até a maioridade, como uma "indenização".

Em 1885 foi assinada uma nova lei abolicionista, a Lei Saraiva-Cotegipe ou Lei dos Sexagenários, que libertava os escravos com mais de 65 anos. Era outra lei que nada resolvia, pois poucos escravos chegavam a essa idade. Os que chegavam, com a libertação, não teriam como sobreviver fora das fazendas.

Finalmente, em 13 de maio de 1888, a princesa Isabel, que se achava substituindo seu pai que se encontrava na Europa, assinou a Lei Áurea, que deu liberdade a todos os escravos do Brasil. Por esse ato, a princesa Isabel recebeu o título de "A Redentora".

Na campanha abolicionista distinguiram-se o poeta Castro Alves; o jornalista e orador José do Patrocínio; Joaquim Nabuco; o jornalista e poeta Luís Gama; André Rebouças; Antônio Bento e outros.

Saiba que

Os escravos sempre lutaram pela liberdade, de várias maneiras: se rebelando, fugindo das fazendas, suicidando-se.
Com a libertação, nada foi feito para amparar os ex-escravos, que acabaram marginalizados na sociedade brasileira.
Apesar da escravidão ter acabado no Brasil, os negros continuaram sendo discriminados. Hoje, no Brasil, o racismo é crime punido com a prisão.

Efeitos da libertação dos escravos

- Os proprietários agrícolas, por terem perdido seus escravos, aderiram ao Partido Republicano.
- Favoreceu a proclamação da República.
- Incentivou a imigração de colonos europeus assalariados (recebendo salários) para as fazendas.

Influências dos escravos nos nossos costumes

Os escravos africanos exerceram muita influência nos nossos costumes.
Nas **crenças** e **cerimônias religiosas**: o candomblé e a umbanda.
Nas **palavras**: cachaça, cachimbo, moleque, quitute etc.

Na **alimentação**: vatapá, acarajé, angu, mungunzá, pé de moleque, cocada, quindim, azeite de dendê, leite de coco.

Na **dança** e **na música**: frevo, samba, batuque, maxixe.

Nos **instrumentos musicais**: berimbau, agogô, atabaque, reco-reco, tamborim, zabumba.

Nas **festas folclóricas**: congadas, bumba meu boi, Moçambique etc.

ATIVIDADES...

1. Por que a escravidão negra começou no Brasil?

2. Os escravos tinham direitos? Recebiam salários?

3. O que foi a Lei do Ventre Livre, de 1871?

4. O que foi a Lei dos Sexagenários, de 1885?

5. Qual foi a lei que acabou com a escravidão no Brasil? Quando foi assinada?

6. Assinale só as alternativas corretas.

- ☐ Os escravos fugidos das fazendas formavam agrupamentos chamados quilombos.
- ☐ A Lei Eusébio de Queirós libertava os escravos com mais de 65 anos.
- ☐ José do Patrocínio, Joaquim Nabuco e Luís Gama foram abolicionistas.
- ☐ A abolição dos escravos favoreceu a proclamação da República.

7. Resolva a cruzadinha.

1. Nome de um instrumento musical de origem africana.
2. Nome da casa onde os escravos moravam.
3. Lei que libertou todos os escravos do Brasil.
4. Nome de uma dança de origem africana.
5. Título da princesa Isabel.
6. Nome do principal esconderijo dos escravos.

1.	☐	☐	☐	I	☐	☐	☐	☐		
			2.	S	☐	☐	☐	☐	☐	☐
			3.	A	☐	☐	☐	☐		
			4.	B	☐	☐	☐	☐	☐	☐
5.	☐	☐	☐	E	☐	☐	☐	☐	☐	
	6.	☐	☐	L	☐	☐	☐	☐	☐	

8. Faça uma pesquisa sobre algum quilombo ainda existente no Brasil. Escreva o que descobrir.

REFORÇO 32

A proclamação da República Federativa

MUSEU HISTÓRICO NACIONAL, RJ

Quadro com o retrato dos integrantes do primeiro governo republicano do Brasil. O marechal Deodoro da Fonseca está no centro.

Os brasileiros estavam descontentes com a monarquia e já tinham há muito tempo a ideia de implantar a República no Brasil. Na República, quem governa é um presidente eleito pelo povo ou seus representantes. Seu mandato tem um prazo determinado.

Muitos fatos concorreram para a implantação da República:

- a libertação dos escravos, porque os fazendeiros não receberam indenização do governo pelos escravos libertos;
- a Guerra do Paraguai. Muitos dos militares que nela tomaram parte tornaram-se partidários do regime republicano;
- as questões militares entre ministros e oficiais do Exército;
- as questões religiosas entre o governo e a Igreja católica;
- o medo que os brasileiros tinham de que o Brasil viesse a ser governado por um estrangeiro, pois a herdeira do trono seria D. Isabel, casada com o Conde d'Eu, que era francês.

Vários foram os líderes do movimento republicano: Campos Sales, Quintino Bocaiuva, Aristides Lobo, Saldanha Marinho, Francisco Glicério, Sólon Ribeiro, Silva Jardim, Rui Barbosa e outros.

Benjamim Constant foi a figura mais importante desse movimento.

Na madrugada do dia 15 de novembro de 1889, as tropas se dirigiram para o quartel-general no campo de Santana, atual praça da República, no Rio de Janeiro, tendo à frente o marechal Deodoro, que proclamou a República.

O último chefe do ministério da monarquia, visconde de Ouro Preto, ordenou ao marechal Floriano Peixoto que atacasse os revolucionários, mas ele não cumpriu a ordem.

Organizou-se um governo provisório presidido pelo marechal Deodoro da Fonseca.

O governo provisório comunicou ao imperador a sua deposição do trono e ele foi intimado a deixar o Brasil. Na madrugada do dia 17 de novembro, D. Pedro II embarcou com sua família para a Europa.

Em 19 de novembro do mesmo ano foi instituída a bandeira republicana.

A nova Constituição

Em 24 de fevereiro de 1891 foi promulgada a primeira Constituição da República. Em seguida, o Congresso elegeu para presidente o marechal Deodoro da Fonseca e para vice-presidente o marechal Floriano Peixoto.

Essa Constituição instituiu como forma de governo a República Federativa. O Rio de Janeiro, a capital do Brasil, passou a ser o Distrito Federal e as províncias passaram a ser estados.

Saiba que

- D. Pedro II faleceu dois anos depois de ter deixado o Brasil.
- A esposa de D. Pedro II era Dona Teresa Cristina.

ATIVIDADES...

1. Por que a abolição da escravatura foi uma das causas da proclamação da República?

2. Que nome damos aos desentendimentos entre ministros e oficiais do Exército no final do Segundo Reinado?

3. Por que a Guerra do Paraguai influiu na proclamação da República?

4. Qual era o medo que os brasileiros tinham em relação a um Terceiro Reinado no Brasil?

5. Quais foram os líderes do movimento republicano?

6. Qual foi o último chefe do ministério da Monarquia, e o que fez diante da proclamação da República?

7. Como a República foi proclamada no dia 15 de novembro de 1889?

8. Quem passou a governar o Brasil após o dia 15 de novembro de 1889?

9. O que aconteceu com D. Pedro II, após a proclamação da República?

10. Em que dia foi instituída a bandeira republicana?

11. E a Constituição antes existente? Continuou valendo? Explique.

REFORÇO 33

Da República Velha à Era Vargas

O Brasil é uma república de 1889 até hoje. Para estudarmos esse longo tempo, podemos dividi-lo em alguns períodos:

República da Espada: os dois primeiros governos militares, do marechal Deodoro Fonseca e do marechal Floriano Peixoto.

República Velha: do governo do primeiro presidente civil, Prudente de Morais, até a Revolução de 1930, liderada por Getúlio Vargas.

Era Vargas: período de governo de Getúlio Vargas, de 1930 até 1945.

República Democrática: de 1945 até os governos militares, que começaram em 1964.

Ditadura Militar: de 1964 até 1984, período em que os presidentes foram militares e o Brasil viveu sob uma ditadura.

República Nova: da redemocratização do país, em 1984, até nossos dias.

República Velha ou Primeira República (1898-1930)

Durante a República Velha, muitos presidentes eram indicados pelos estados de São Paulo e Minas Gerais.

O revezamento no governo entre paulistas e mineiros era chamado de política do "café com leite".

Em 1930 uma revolução derrubou o presidente Washington Luís e encerrou-se a República Velha. Foi a Revolução de 1930, liderada por Getúlio Vargas, que passou a governar o Brasil.

A Era Vargas (1930-1945)

Tendo sido vitoriosa a Revolução de 1930, foi organizado um governo provisório sob a presidência de Getúlio Vargas.

Getúlio Vargas governou o Brasil durante 15 anos, mas podemos dividir esse período em três etapas:

- governo provisório (de 1930 a 1934);
- governo constitucional (de 1934 a 1937);
- Estado Novo ou ditadura (de 1937 a 1945).

ICONOGRAPHIA

À direita, Getúlio Vargas. Foto de 1930, quando Getúlio e seus companheiros viajavam para o Rio de Janeiro, onde tomariam o poder.

Estado Novo

Em 10 de novembro de 1937, o presidente Getúlio Vargas deu um golpe de Estado. Por esse golpe, ele anulou a Constituição em vigor e outorgou outra Constituição ao país, iniciando, assim, o período conhecido como Estado Novo.

Durante o Estado Novo, o Congresso foi dissolvido, os partidos políticos foram extintos, a imprensa foi censurada e foram nomeados interventores para governar os estados.

Em 1945 o governo foi deposto pelas Forças Armadas.

ATIVIDADES...

1. Qual foi o período do estabelecimento da República Velha?

2. Em que consistia a política do "café com leite"?

3. Que mudança aconteceu no governo brasileiro em 1930?

4. Quem chefiou a revolução?

5. Coloque **V** se for verdadeiro e **F** se for falso.

- [ ] Getúlio Vargas governou o Brasil de 1930 a 1945.
- [ ] O governo constitucional foi de 1937 a 1945.
- [ ] Em 10 de novembro de 1937 Getúlio Vargas deu um golpe de Estado e estabeleceu o Estado Novo.
- [ ] O chefe da Revolução de 1930 foi Washington Luís.
- [ ] Em 1945 o governo de Getúlio Vargas foi deposto pelas Forças Armadas.
- [ ] O Estado Novo dissolveu o Congresso e os partidos políticos foram extintos.

O processo de democratização

A partir de 1945 iniciou-se o processo de democratização no país.

O general Eurico Gaspar Dutra foi eleito presidente do Brasil.

Nesse governo deu-se:

- a promulgação de uma nova Constituição, em 18 de setembro de 1946;
- a construção da hidrelétrica do São Francisco.

Getúlio Vargas volta a governar o Brasil

Em 1950 Getúlio Vargas foi eleito pelo voto popular presidente do Brasil. No seu governo deu-se:

- a criação da Petrobras, destinada à exploração do petróleo;
- o desenvolvimento da siderurgia e da mineração.

Ocorreram várias crises políticas e econômicas, que culminaram com o suicídio do presidente, em 1954.

Assumiu a presidência o vice-presidente Café Filho.

Juscelino Kubitschek de Oliveira

Foi eleito em 1955.

Durante o seu governo, houve a construção de Brasília, com a transferência da capital do Brasil do Rio de Janeiro para a nova cidade, em 1960.

Houve a implantação da indústria automobilística no Brasil e a construção de usinas hidrelétricas.

Jânio da Silva Quadros

Em 1961, assumiu o governo, eleito por grande maioria, Jânio da Silva Quadros, que renunciou ao poder após sete meses de governo.

Tomou posse o vice-presidente João Goulart.

No governo de João Goulart ocorreram grandes agitações sociais.

Em 31 de março de 1964, as Forças Armadas depuseram o presidente João Goulart.

ATIVIDADES...

1. O que aconteceu no Brasil a partir de 1945?

2. Qual foi o primeiro presidente desse período?

3. Getúlio Vargas, que foi deposto em 1945, nunca mais voltou a governar o Brasil?

4. Assinale as alternativas corretas.

- [ ] No governo de Getúlio Vargas deu-se a criação da Petrobras.
- [ ] A cidade de Brasília foi fundada no governo de Juscelino Kubitschek de Oliveira.
- [ ] Quem substituiu Getúlio Vargas foi João Goulart.
- [ ] As Forças Armadas depuseram João Goulart.
- [ ] A transferência da capital do Brasil foi feita no governo de Getúlio Vargas.
- [ ] Jânio Quadros só governou o Brasil durante sete meses.

REFORÇO 35

Dos governos militares aos nossos dias

O período dos governos militares, em que o Brasil viveu sob uma ditadura, começou com a deposição do presidente João Goulart em 31 de março de 1964.

Foi um período muito autoritário, os meios de comunicação (jornal, televisão, rádio etc.) eram censurados e foram extintos os partidos políticos.

Toda e qualquer oposição sofria repressão violenta do governo, tendo havido muitas prisões, torturas e mortes.

Governaram nesse período:

- Marechal Humberto Castelo Branco;
- Marechal Artur da Costa e Silva;
- General Emílio Garrastazu Médici;
- General Ernesto Geisel;
- General João Batista de Oliveira Figueiredo.

A Nova República

Em 1984 teve início a Nova República. A população começou a campanha pelas Diretas-Já, exigindo que os presidentes do Brasil fossem eleitos por voto direto. Por pressão dos militares, o voto direto não foi aprovado pelo Congresso, mas no dia 15 de janeiro de 1985 um Colégio Eleitoral elegeu Tancredo Neves para presidente da República. Era um presidente civil e com isso terminavam os governos militares.

Entretanto, gravemente doente, Tancredo faleceu antes de tomar posse. No dia 15 de março, José Sarney, que era seu vice, foi empossado como presidente interino.

Durante o governo de José Sarney foi promulgada uma nova Constituição brasileira e a moeda brasileira mudou de cruzeiro para cruzado.

Fernando Collor de Mello

Collor foi o primeiro presidente eleito por voto direto desde 1960.

No seu governo a moeda mudou de cruzado para cruzeiro. Foi facilitada a entrada de produtos importados no Brasil.

Envolvido em esquema de corrupção, Collor renunciou ao governo, assumindo o vice, Itamar Franco.

Itamar Franco

No governo de Itamar Franco, foi aplicado o Plano Real, do ministro da Fazenda, Fernando Henrique Cardoso, criando uma nova moeda, o cruzeiro real, logo após substituída pelo real.

Fernando Henrique Cardoso

Graças ao sucesso do Plano Real, Fernando Henrique Cardoso foi eleito presidente do Brasil em 1994.

Durante o seu governo a inflação foi controlada e deu-se a privatização de empresas estatais (privatização é a venda de parte ou total do capital de empresas do governo para empresas particulares). No final de 1998 Fernando Henrique Cardoso foi reeleito presidente e governou até 2002.

Luiz Inácio Lula da Silva

No dia 27 de outubro de 2002, Luiz Inácio Lula da Silva foi eleito presidente do Brasil.

Iniciou o seu governo com um programa denominado "Fome Zero" para atender a população desfavorecida. Alguns ministros e outros políticos do seu governo também foram suspeitos e depois condenados por envolvimento em casos de corrupção ou de facilitação de ganhos de forma ilegal, no que ficou conhecido como mensalão.

Em 2006, Lula foi reeleito e sempre teve grande aprovação por parte do povo.

Dilma Rousseff

Em 2011 assumiu a presidência, após vencer as eleições, Dilma Rousseff, a primeira mulher a assumir o maior cargo executivo do Brasil.

Seu governo tem se pautado pela continuidade dos programas criados pelo governo Lula.

ATIVIDADES...

1. Os governos militares terminaram no Brasil com a eleição de um presidente civil, Tancredo Neves.
   Esse presidente chegou a governar? O que aconteceu?

2. Assinale com um traço o que estiver correto.

   a) O período dos governos militares foi:
   democrático ou autoritário

   b) Foi presidente no período militar:
   Collor ou Geisel

   c) José Sarney mudou a moeda para:
   cruzado ou real

   d) Primeiro presidente eleito pelo voto desde 1960:
   Fernando Henrique ou Fernando Collor

   e) O marechal Costa e Silva foi presidente durante o período:
   militar ou Nova República

f) Presidente que renunciou por corrupção:
Sarney ou Collor

g) O presidente que foi reeleito:
Fernando Henrique ou Itamar Franco

3. O que significa privatização?

4. Qual foi o programa estabelecido por Luiz Inácio Lula da Silva em seu primeiro governo e em que consistiu?

5. Qual foi o presidente que facilitou a entrada de produtos importados no Brasil?

6. Pode-se dizer que o governo do presidente Luiz Inácio Lula da Silva não teve apoio da população? Explique.

7. Após o governo do presidente Lula quem assumiu a presidência?

Geografia

Sumário

REFORÇO 1

Brasil

Localização

O Brasil localiza-se na **América do Sul**. Faz parte do **Hemisfério Ocidental** porque está a oeste do Meridiano de Greenwich.

A **Linha do Equador**, que divide o planeta em dois hemisférios, atravessa o extremo norte do nosso país. Ela passa pela cidade de Macapá, capital do Amapá. Portanto, a maior parte do território brasileiro encontra-se no **Hemisfério Sul** do planeta. Só uma pequena parte dos estados do Amazonas e do Pará e os estados de Roraima e Amapá situam-se no Hemisfério Norte da Terra.

Sua costa litorânea é banhada pelo Oceano Atlântico.

América do Sul

MARIO YOSHIDA

Extensão

O território brasileiro tem 8.514.876,599 quilômetros quadrados. O Brasil é o quinto país mais extenso do globo. Os quatro países maiores que o Brasil são: Rússia, Canadá, China e Estados Unidos.

Pontos extremos

Os pontos extremos do Brasil são:

- ao norte, o Monte Caburaí, em Roraima;
- ao sul, o Arroio Chuí, no Rio Grande do Sul;
- a oeste, a Serra da Contamana, no Acre;
- a leste, a Ponta do Seixas, na Paraíba.

Limites

O Brasil faz fronteira com quase todos os países da América do Sul. Os limites do Brasil são:

- ao norte, com Venezuela, Guiana, Guiana Francesa, Suriname e Oceano Atlântico;
- a noroeste, com a Colômbia;
- a oeste, com o Peru e a Bolívia;
- a sudoeste, com o Paraguai e a Argentina;
- ao sul, com o Uruguai;
- a nordeste, leste e sudeste, com o Oceano Atlântico.

Os países sul-americanos que não fazem fronteiras com o Brasil são: Chile e Equador.

ATIVIDADES...

1. Complete.

a) O Brasil se localiza na ____________________.
Ele faz parte dos hemisférios __________ e __________.

b) A Linha do Equador cruza o ____________________ do Brasil.

c) Nosso país fica a __________ do Meridiano de Greenwich.

d) Sua costa litorânea é banhada pelo ____________________.

2. Escreva o que se pede.

a) A extensão do Brasil: ______________________________.

b) Pontos extremos ao norte e ao sul do Brasil ______________________________.

c) Pontos extremos do Brasil a oeste e a leste: ______________________________.

3. Faça a correspondência, sobre os limites do Brasil, numerando a segunda coluna de acordo com a primeira.

1 Ao norte	☐ Colômbia
2 Ao sul	☐ Peru e Bolívia
3 A oeste	☐ Venezuela, Guiana Francesa, Guiana e Suriname
4 A noroeste	☐ Uruguai
5 A sudoeste	☐ Paraguai e Argentina

4. Escreva no mapa o nome dos países da América do Sul. Depois pinte de uma única cor os países que fazem fronteira com o Brasil e de outra cor os que não fazem fronteira.

MARIO YOSHIDA

População do Brasil

A população brasileira é de mais de 190 milhões, conforme os dados do Censo de 2010. Neste levantamento, feito a cada dez anos, também resultam outros dados como a proporção de homens e mulheres, onde vivem os brasileiros, se na zona urbana ou rural, faixa etária e características étnico-raciais, entre outros.

Veja os dados dos gráficos.

População residente por situação de domicílio, 2010

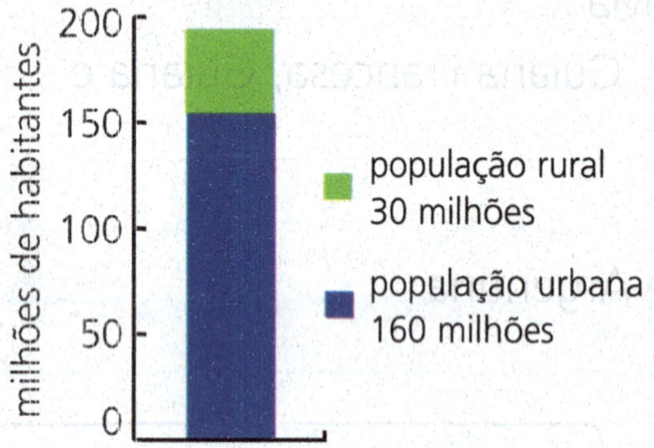

Características étnico-raciais, 2010

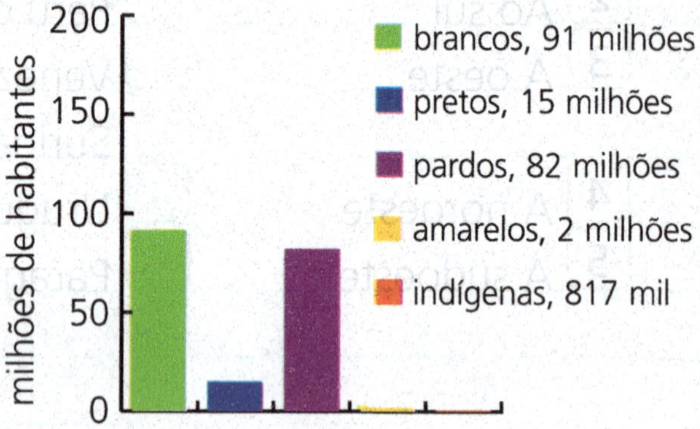

Faixa etária, 2010

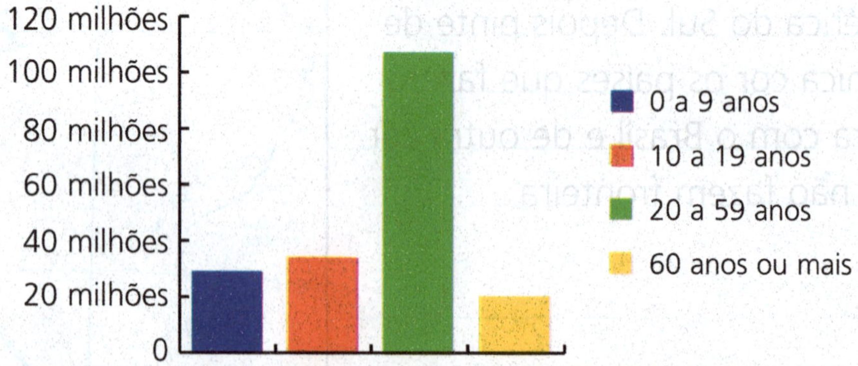

Origem do povo brasileiro

Os povos indígena, branco e negro deram origem ao povo brasileiro. Os brancos vieram principalmente da Europa.

Os indígenas já viviam no Brasil quando os portugueses aqui chegaram. Os negros foram trazidos da África como escravos para serem vendidos no Brasil. Do cruzamento desses três povos resultou o brasileiro.

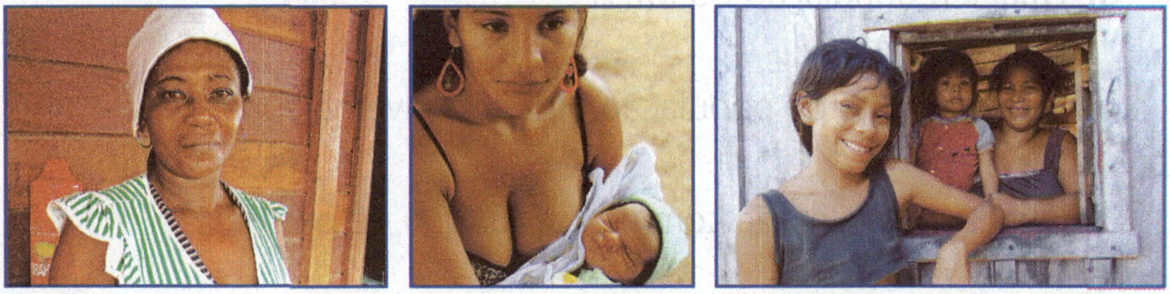

AGE FOTOSTOCK/KEYSTOCK

Como se formou a população brasileira

Os portugueses foram os primeiros europeus a chegar ao Brasil.

Após a proibição da entrada de escravos no Brasil, em 1850, os imigrantes começaram a chegar ao nosso país em maior número.

Vieram os alemães, italianos, espanhóis, eslavos (poloneses, ucranianos, russos), sírio-libaneses, japoneses etc.

Língua portuguesa do Brasil

Nossa **língua** foi herdada dos portugueses e enriquecida com palavras de origem indígena, africana e de outras nações europeias ou asiáticas.

Saiba que

- Imigrantes são pessoas que deixam o país em que nasceram e vão viver em outro país. Ainda hoje o Brasil recebe imigrantes de várias partes do mundo.
- As regiões mais habitadas do Brasil estão concentradas junto às metrópoles: São Paulo, Rio de Janeiro, Belo Horizonte, Salvador, Fortaleza, Recife, Porto Alegre e Curitiba.
- As regiões menos habitadas são as do Planalto Central e da Planície Amazônica.

ATIVIDADES...

1. Sobre os dados atuais da população brasileira, responda:

a) Qual é a população do Brasil?

b) A maior parte da população brasileira vive na zona ______.

c) Qual é a faixa etária com maior número de pessoas?

d) Segundo os dados das características étnico-raciais, quais as raças em maior quantidade na população brasileira?

2. Quais são os povos que deram origem ao povo brasileiro?

3. Quais povos já habitavam o Brasil quando os portugueses chegaram?

4. De onde vieram os negros?

5. Qual é a língua falada no Brasil?

6. Na sua família há imigrantes ou descendentes de imigrantes? De que nacionalidade?

7. Troque ideias com seus colegas e com seu professor sobre:

- os problemas que os indígenas enfrentam na sociedade brasileira.
- a relação entre negros e brancos no Brasil.

REFORÇO 3

Divisão político--administrativa do Brasil

O Brasil está dividido em 27 unidades da Federação: 26 estados e um Distrito Federal.

No Distrito Federal está localizada Brasília – capital do Brasil e sede do governo federal.

Brasil, político

MARIO YOSHIDA

Os estados mais populosos do Brasil são Bahia, Minas Gerais, Rio de Janeiro, Rio Grande do Sul e São Paulo, todos com mais de 10 milhões de habitantes.

Os estados menos populosos são Acre, Amapá, Rondônia, Roraima, Sergipe e Tocantins, todos com menos de 2 milhões de habitantes.

O Arquipélago de Fernando de Noronha atualmente é um Distrito Estadual do estado de Pernambuco.

Veja na tabela quais são as unidades da Federação e suas capitais.

Unidade de Federação	Sigla	Capital
Acre	AC	Rio Branco
Alagoas	AL	Maceió
Amapá	AP	Macapá
Amazonas	AM	Manaus
Bahia	BA	Salvador
Ceará	CE	Fortaleza
Distrito Federal	DF	Brasília
Espírito Santo	ES	Vitória
Goiás	GO	Goiânia
Maranhão	MA	São Luís
Mato Grosso	MT	Cuiabá
Mato Grosso do Sul	MS	Campo Grande
Minas Gerais	MG	Belo Horizonte
Pará	PA	Belém
Paraíba	PB	João Pessoa
Paraná	PR	Curitiba
Pernambuco	PE	Recife
Piauí	PI	Teresina
Rio de Janeiro	RJ	Rio de Janeiro
Rio Grande do Norte	RN	Natal
Rio Grande do Sul	RS	Porto Alegre
Rondônia	RO	Porto Velho
Roraima	RR	Boa Vista
Santa Catarina	SC	Florianópolis
São Paulo	SP	São Paulo
Sergipe	SE	Aracaju
Tocantins	TO	Palmas

ATIVIDADES...

1. Como está dividido o Brasil?

2. Complete: no Distrito Federal está localizada a cidade de
_______________, _______________ do Brasil e sede do
_______________.

3. Complete as informações sobre seu estado.

a) Nome do seu estado:
b) Capital do seu estado:
c) População do seu estado (pesquise para saber):

4. Dê o nome de dois estados brasileiros de grande população, colocando a sua sigla e o nome da capital.

5. Dê o nome de dois estados com pouca população, colocando a sua sigla e o nome da capital.

6. Em grupo, pesquise sobre a fundação de Brasília e escreva um resumo do que descobrir.

7. Com as informações obtidas na pesquisa, faça um cartaz sobre Brasília, ilustrado com fotos, desenhos, recortes etc. É importante que as imagens tenham legendas.

REFORÇO 4

Litoral brasileiro

O litoral brasileiro é banhado pelo Oceano Atlântico. Ele começa no Cabo Orange (AP) e estende-se até o Arroio Chuí (RS). Observe no mapa o litoral brasileiro e seus destaques:

Brasil, litoral

MARIO YOSHIDA

O litoral é constituído de ilhas, arquipélagos, praias, mar, oceano, golfos, baías, enseadas, cabos, pontas, arroios.

Do litoral se extraem riquezas naturais como o petróleo, o sal e o calcário, bem como alimentos conseguidos por meio da pesca.

No litoral há portos por onde chegam e saem diferentes produtos.

No fundo do mar encontramos algumas formas de relevo como montanhas e depressões, formando o **relevo submarino**.

A parte mais rasa desse relevo chama-se **plataforma continental**.

RENATA MELLO/PULSAR IMAGENS

Enseada da Baía dos Porcos, Fernando de Noronha.

MARCIO LOURENÇO/PULSAR IMAGENS

Cabo de Santo Agostinho, PE.

ANDRE SEALE/PULSAR IMAGENS

Arquipélago de São Pedro e São Paulo, BA.

DELFIM MARTINS/PULSAR IMAGENS

Ponta do Seixas, PB.

Formação do litoral

As principais formas do litoral são:

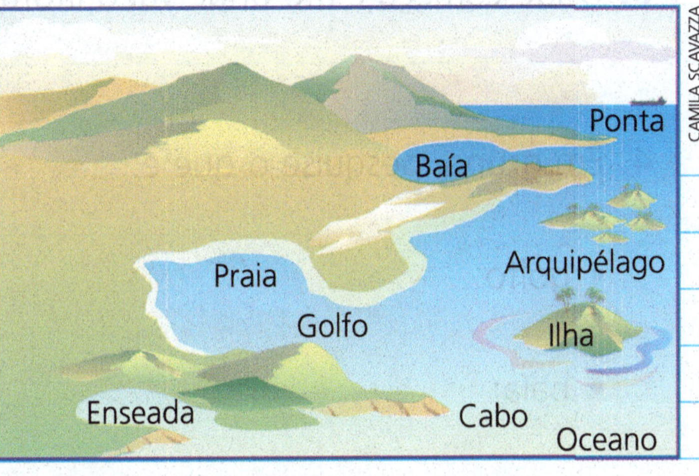

CAMILA SCAVAZZA

- **golfo**: é uma reentrância, isto é, uma grande abertura na costa, onde a água do mar fica abrigada por pontas e cabos.
- **cabo e ponta**: são porções de terra que avançam em direção ao mar. A ponta é menor do que o cabo e é composta de areia e pequenas rochas.
- **baía**: é a reentrância na costa, menor que o golfo, por onde a água do mar avança para dentro do continente.
- **enseada**: é uma pequena baía, com uma abertura maior para o oceano.

- **ilha**: é uma porção de terra ou de rocha cercada de água por todos os lados.
- **arquipélago**: é um conjunto de ilhas.
- **praia**: é um depósito marinho ao longo do litoral, normalmente formado por areia.

ATIVIDADES...

1. O que é litoral?

2. Assinale com um **x** o que encontramos no litoral.

☐ planaltos	☐ ilhas	☐ montanhas
☐ baías	☐ montes	☐ cabos
☐ depressões	☐ portos	☐ enseadas

3. Onde começa e até onde vai o litoral brasileiro?

4. Em grupo, pesquise o que é:

- golfo:
- baía:
- enseada:

5. Em sua cidade há algum desses acidentes geográficos? Quais?

REFORÇO 5

O relevo brasileiro

O que é relevo

Quando observamos a paisagem, percebemos que os terrenos são diferentes. Alguns são baixos, outros são planos, alguns são altos, outros são pouco elevados.

Chamamos de **relevo** as diferentes formas de superfície terrestre.

As principais formas de relevo são:

- **planalto** – é um "plano alto", isto é, uma superfície formada pela erosão, que se encontra acima de 300 metros de altitude. Quando as elevações (montanhas) são íngremes, mas têm o topo plano, são chamadas de chapadas.
- **planície** – superfície plana, com altitude de, no máximo, 100 metros, formada por acumulação de sedimentos (areia, argila, terra). Nas planícies costeiras ou litorâneas podem existir **dunas**, que são montes de areia móvel, formados pela ação dos ventos.

RUBENS CHAVES/PULSAR IMAGENS

RICARDO AZOURY/KEYDISC

RICARDO AZOURY/KEYDISC

MAURICIO SIMONETTI/PULSAR IMAGENS

PHOTOSCOM

RICARDO AZOURY/KEYDISC

- **depressão** – superfície plana, com altitudes entre 100 e 500 metros e inclinações suaves, formada por erosão.

RICARDO AZOURY/KEYDISC

- **montanha** – uma grande elevação de terra. O ponto mais alto de uma montanha chama-se **cume** ou **pico**; um conjunto de montanhas chama-se **serra**, **cadeia** ou **cordilheira**.

O relevo brasileiro

O relevo do nosso país é constituído de planaltos, planícies e depressões. Veja no mapa quais são os planaltos, as depressões e as planícies mais extensas no Brasil.

Brasil, relevo

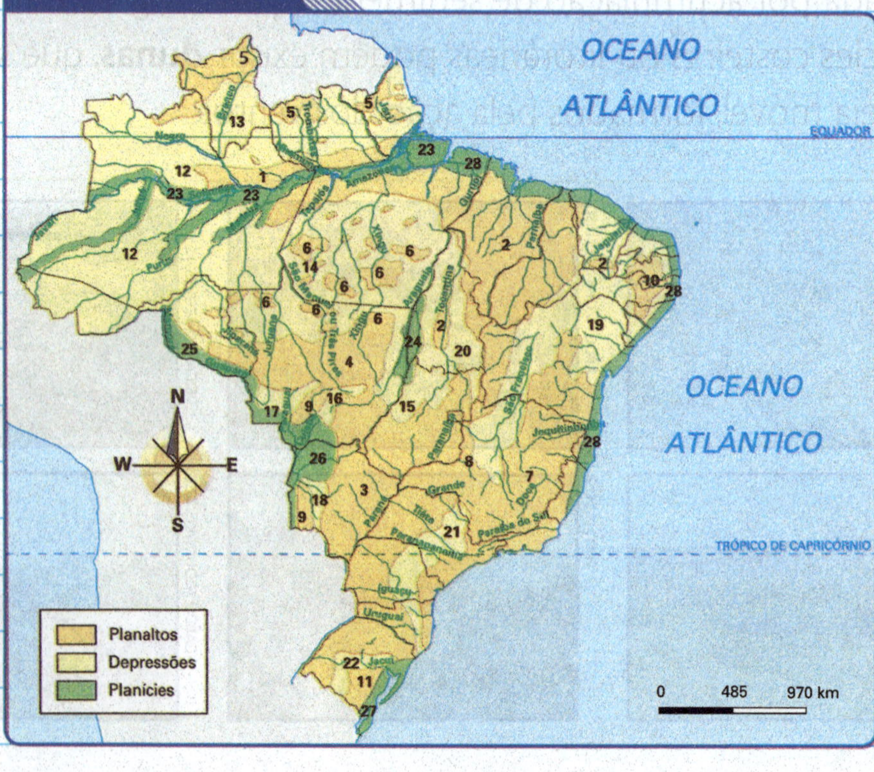

MARIO YOSHIDA

Planaltos

- os planaltos e chapadas da Bacia do Paraná (3)
- os planaltos e serras do Atlântico Leste-Sudeste (7)
- os planaltos e chapadas da Bacia do Rio Parnaíba (2)
- o planalto e chapada dos Parecis (4)
- os planaltos e serras de Goiás-Minas (8)

Planícies

- a planície e pantanal Mato-Grossense (26)
- a planície e pantanal do Rio Guaporé (25)
- as planícies litorâneas (28)
- a planície do Rio Amazonas (23)

Depressões

- a depressão da Amazônia ocidental (12)
- a depressão sertaneja e do Rio São Francisco (19)
- a depressão marginal sul-amazônica (14)
- a depressão marginal norte-amazônica (13)
- a depressão do Rio Araguaia (15)
- a depressão periférica da borda leste da Bacia do Rio Paraná (21).

Pontos culminantes

Os pontos culminantes do relevo brasileiro são:

- **Pico da Neblina**, com 3 014,1 metros de altitude, localizado na Serra do Imeri (AM).
- **Pico 31 de Março**, com 2 992,4 metros, também situado na Serra do Imeri (AM), fronteira do Brasil com a Venezuela.
- **Pico da Bandeira**, com 2 891,9 metros, na Serra do Caparaó (ES).

ATIVIDADES...

1. Faça a correspondência, numerando.

[1] depressão [2] planalto [3] planície

- ( ) Chapada dos Parecis
- ( ) Pantanal Mato-Grossense
- ( ) marginal sul-amazônica
- ( ) litorâneas
- ( ) Chapada da Bacia do Paraná
- ( ) do Araguaia

2. Do que é constituído o relevo brasileiro?

3. Complete.

a) Montanha é ______.

b) Dá-se o nome de ______ ao ponto mais alto da montanha.

c) Um conjunto de montanhas forma ______.

d) O Pico da Neblina está localizado na Serra ______, no ______.

e) O pico localizado na fronteira do Brasil com a Venezuela chama--se ______.

f) Na Serra de Caparaó, no Espírito Santo, fica o Pico ______.

4. Em grupo, pesquisem para saber em quais das formas de relevo ficam:

– a sua cidade.

– a sua escola.

REFORÇO 6

Rios do Brasil

O que é rio

Rio é um curso de água que deságua no mar, em outro rio ou num lago.

Afluente é um rio que despeja suas águas em outro rio.

Nascente ou **cabeceira** é o lugar onde o rio nasce.

Leito é o lugar onde o rio corre.

Foz ou **embocadura** é o ponto onde o rio despeja suas águas.

As terras banhadas por um rio principal e seus afluentes formam uma **bacia hidrográfica** ou **fluvial**.

Importância dos rios

Os rios são importantes porque:

- fornecem água para as cidades;
- fornecem peixe, que é um ótimo alimento;
- fornecem água para as plantações;
- servem para navegação em regiões baixas (planícies).

Os rios que correm em lugar de elevações (planaltos) apresentam quedas-d'água, cachoeiras ou saltos.

Esses rios podem ser aproveitados para instalação das usinas hidrelétricas e produzir energia.

Saiba que

Além da produção de energia nas usinas hidrelétricas, é possível obter energia a partir de:

- usinas termelétricas, onde a energia é obtida pela queima de combustíveis tais como óleo, gás, carvão mineral etc.;
- usinas nucleares, onde se usa urânio como combustível.
- parques eólicos, onde se produz energia.

Rios do Brasil

No Brasil, predominam os rios de planalto; somente na Amazônia encontram-se rios de planície.

As principais bacias fluviais do Brasil são seis: a do Amazonas, a do Tocantins, a do São Francisco, a do Atlântico Sul, a do Paraná e a do Uruguai.

Brasil, bacias hidrográficas

MARIO YOSHIDA

Bacia do Amazonas

A Bacia do Amazonas é formada pelo Rio Amazonas e seus afluentes. É a maior bacia hidrográfica do mundo.

O Rio Amazonas nasce no Peru, na Cordilheira dos Andes. É um rio de planície adequado à navegação. Desemboca junto à Ilha de Marajó, depois de haver atravessado os estados do Amazonas e do Pará.

Os afluentes mais extensos e importantes do Amazonas são os rios Javaú, Juruá, Madeira, Purus, Tapajós, Xingu (na margem direita), Negro, Japurá, Trombetas, Jari e Jamundá (na margem esquerda).

Bacia do Tocantins

A Bacia do Tocantins é formada pelo Rio Tocantins e seus afluentes, dos quais o principal é o Rio Araguaia.

O Rio Tocantins nasce em Goiás e deságua na foz do Rio Amazonas, junto à Ilha de Marajó, no Pará. Nele está instalada a Usina Hidrelétrica de Tucuruí, no Pará.

O Rio Araguaia nasce em Mato Grosso e deságua no Tocantins. Nesse rio localiza-se a maior ilha fluvial do mundo, a Ilha do Bananal.

Bacia do São Francisco

É formada pelo Rio São Francisco e seus afluentes. O Rio São Francisco nasce na Serra da Canastra (MG), banha Minas Gerais, Bahia, Sergipe, Pernambuco e Alagoas e deságua no Oceano Atlântico. É o maior rio totalmente brasileiro. É navegável entre Pirapora (MG) e Juazeiro (BA).

Os principais afluentes na margem direita são os rios das Velhas e Verde Grande. Na margem esquerda são os rios Carinhanha, Paracatu e Grande. O São Francisco é um rio de planalto que apresenta saltos e cachoeiras aproveitados para a instalação de usinas hidrelétricas. As usinas desse rio que mais produzem energia elétrica são Xingó (SE) e Paulo Afonso (BA).

Bacia do Paraná

A Bacia do Paraná é formada pelos rios Paraná e Paraguai.

O principal rio dessa bacia é o Paraná. Ele é formado pelos rios Grande e Paranaíba. Nasce na divisa dos estados de Minas Gerais, Mato Grosso do Sul e São Paulo. Seus afluentes mais importantes são o Paranapanema, o Tietê e o Iguaçu.

O Rio Paraguai nasce no Mato Grosso, atravessa o Pantanal Mato--Grossense e deságua no Rio Paraná.

Os rios da Bacia do Paraná são rios de planalto onde foram construídas várias usinas hidrelétricas, sendo a principal a de Itaipu, na fronteira do Paraguai com o estado do Paraná.

Bacia do Uruguai

O Rio Uruguai é formado pelos rios Canoas e Pelotas. Nasce na divisa do Rio Grande do Sul com Santa Catarina e deságua no Estuário do Prata. É a fronteira natural que separa o Rio Grande do Sul da Argentina.

Bacia do Atlântico Sul

Os demais rios brasileiros são menores e formam a Bacia do Atlântico Sul. Todos deságuam no Oceano Atlântico.

A Bacia do Atlântico Sul é formada por três bacias secundárias:

- a do trecho Norte e Nordeste – formada pelos rios Parnaíba, Jaguaribe e Capibaribe.

- a do trecho Leste – constituída dos rios Jequitinhonha, Doce e Paraíba do Sul.

- a do trecho Sul e Sudeste – da qual fazem parte os rios Ribeira do Iguape, Itajaí, Tubarão, Jacuí e Guaíba.

ATIVIDADES...

1. Do que é formada uma bacia fluvial?

2. Quais são as principais bacias fluviais do Brasil?

3. Para que servem os rios de planície? E os rios de planalto?

4. Complete:

   a) **Bacia do Amazonas**: o Rio Amazonas nasce no ________, atravessa os estados do ________ e ________ e desemboca junto à ________.

   b) **Bacia do Tocantins**: o Rio Tocantins nasce em ________ e deságua ________, junto à ________. Seu afluente, o Rio Araguaia, nasce em ________. Nele está a maior ilha fluvial do mundo: a ________.

   c) **Bacia do São Francisco**: o Rio São Francisco nasce na ________. Banha os estados de ________ e deságua no ________.

   d) **Bacia do Paraná**: o Rio Paraná nasce na divisa dos estados de ________. Seu afluente, o Rio Paraguai, nasce em ________ e atravessa o ________.

e) Bacia do Uruguai: o Rio Uruguai nasce na divisa do ______________ e deságua no ______________.

f) Bacia do Atlântico Sul: é formada pelas bacias dos trechos ______________.

5. Faça a correspondência, numerando a segunda coluna de acordo com a primeira.

1. Bacia do Rio Paraná
2. Rio Paraguai
3. Rio São Francisco
4. Rio Uruguai
5. Rios Paraíba do Sul e Parnaíba
6. Rio Tietê
7. Rio Araguaia

- ☐ afluente do Rio Paraná
- ☐ bacias do Atlântico Sul
- ☐ afluente do Rio Tocantins
- ☐ formado pelos rios Canoas e Pelotas
- ☐ rios Tietê e Paranapanema
- ☐ atravessa o Pantanal Mato--Grossense
- ☐ navegável entre Pirapora e Juazeiro

6. O gráfico ao lado identifica em que atividades se dá o uso das águas da Bacia do Rio São Francisco. Observe que a quantidade de água da bacia utilizada difere em cada atividade.

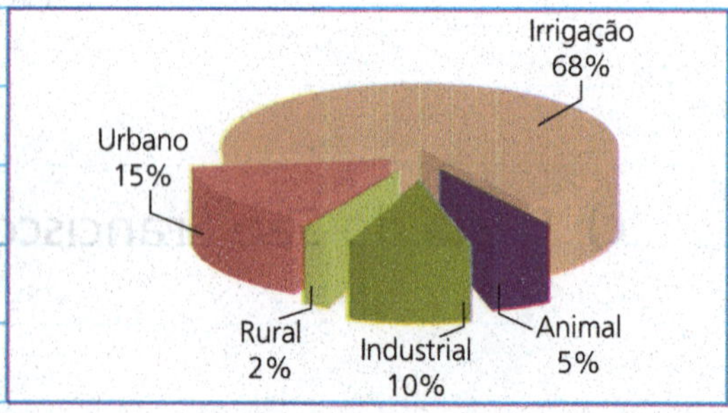

Fonte: Agência Nacional de Águas. Disponível em: <http://conjuntura.ana.gov.br/conjuntura/rh_sfrancisco.htm>. Acesso em julho/2013.

a) De acordo com o gráfico, a maior parte das águas da Bacia do São Francisco é destinada a que finalidade?

b) Que porcentagem da demanda tem finalidade urbana e industrial?

c) Qual é o total de demanda nas finalidades rural, irrigação e animal?

REFORÇO

7 Clima do Brasil

O conjunto de condições atmosféricas de uma região, como temperatura, ventos, chuvas, pressão atmosférica, umidade etc. é chamado **clima**. As variações do clima são causadas pelas variações dessas condições.

Brasil, climas

CARLOS HENRIQUE DA SILVA

Fonte: *Atlas geográfico escolar*. Rio de Janeiro: IBGE, 2009.

Os tipos de clima no Brasil são:

- **equatorial**, quente e úmido, com muita chuva durante o ano todo. Predomina na região da Amazônia.
- **tropical semiúmido**, predomina na maior parte do território brasileiro. Apresenta duas estações: seca no inverno e muita chuva no verão.

- **tropical semiárido**, com temperaturas elevadas, poucas chuvas e longos períodos de seca. É o clima do sertão do Nordeste.
- **tropical úmido** nas áreas próximas do litoral: faz mais calor e chove mais.
- **tropical de altitude** nas regiões mais altas: faz menos calor.
- **subtropical**, predomina no sul do Brasil. Os verões são quentes e os invernos bem frios, com chuvas bem distribuídas durante o ano. No inverno costuma gear.

ATIVIDADES...

1. O que é clima?

2. Faça a correspondência.

1 tropical úmido	☐ poucas chuvas e períodos de seca
2 subtropical	☐ quente e úmido com muitas chuvas
3 semiárido	☐ verões quentes e invernos bem frios
4 tropical	☐ faz calor e chove muito
5 equatorial	☐ predomina na maior parte do Brasil

3. Como é o verão na região onde você mora?

4. Como é o inverno na região onde você mora?

5. Quais são os alimentos que você consome:

- no inverno?

- no verão?

6. Verifique no mapa do início desta lição qual é o clima predominante na região onde você mora.

7. Cole (ou desenhe) no quadro uma cena de inverno e outra de verão que sejam parecidas com o que ocorre nessas estações em sua região.

Verão	Inverno

REFORÇO 8

Vegetação do Brasil

O clima, o relevo e o solo têm grande influência sobre a vegetação. O território brasileiro é muito extenso e apresenta características diferentes, por isso temos também grande variedade de vegetação.

Estes são os tipos de vegetação presentes em nosso país:

Florestas ou matas

Onde predominam árvores de grande porte.

- **Floresta Equatorial ou Amazônica:** aparece na Amazônia. Constitui-se de mata fechada, úmida e escura. É rica em espécies vegetais de todos os tipos e tamanhos.

RICARDO AZOURY/KEYDISC

- **Mata Atlântica ou Floresta Tropical:** também é fechada e úmida. Foi intensamente devastada e hoje a Mata Atlântica só existe em pequenos trechos do sul da Bahia ao Rio Grande do Sul. Apresenta várias espécies de madeira.

- **Floresta das Araucárias ou Mata dos Pinhais:** é encontrada nos estados do sul do Brasil. Sua árvore típica é o pinheiro. É a formação florestal de onde mais se extraem madeiras.

- **Mata dos Cocais:** aparece no Maranhão, no Piauí e em Tocantins. Palmeiras muito altas – a carnaúba e o babaçu – predominam nessa mata.

Cerrado

HAROLDO PALO JR

Ocupa grande parte do Centro--Oeste brasileiro. É formado de arbustos e pequenas árvores, com tronco e galhos retorcidos, casca grossa e raiz profunda.

Complexo do Pantanal

HAROLDO PALO JR

Ocorre na planície do Pantanal dos estados de Mato Grosso e Mato Grosso do Sul. É uma vegetação constituída de árvores, arbustos e plantas rasteiras. Fica inundada na época das cheias dos rios.

Campos ou campinas

FABIO COLOMBINI

Localizam-se no sul do Brasil. São compostos de pastagens naturais onde predominam as plantas rasteiras como as gramas. É aproveitado para a pastagem de gado.

Mangue

Aparece em todo o litoral brasileiro. É uma vegetação de terrenos alagados e baixos, composta de árvores de porte médio, arbustos e plantas rasteiras.

Caatinga

É a vegetação típica do sertão do Nordeste. É formada de plantas com espinhos e raízes profundas que vivem com pouca água. Apresenta também árvores baixas com poucas folhas e tronco retorcido.

Saiba que

- Reflorestamento é o plantio de árvores para substituir as que foram arrancadas.
- Sem vegetação o solo fica desprotegido e cada vez mais pobre (improdutivo).

ATIVIDADES...

1. O que é vegetação?

2. Quais são as principais florestas ou matas do Brasil?

3. Do que é constituída a Floresta Amazônica?

4. Qual é a árvore típica da Floresta das Araucárias? Onde essa floresta se localiza?

5. O que é o Complexo do Pantanal?

6. Complete com o nome da vegetação.

a) Formada por mata fechada e escura.

b) Predominam a carnaúba e o babaçu.

c) Composta de pastagens naturais.

d) Plantas com espinhos e raízes profundas.

e) Formada de arbustos e pequenas árvores com tronco e galhos retorcidos.

7. Há muita vegetação no lugar onde você mora?

8. Em grupo, pesquise o que está sendo feito para proteger a vegetação natural de seu município.

9. Faça, com seus colegas, um painel sobre a vegetação. Use fotos, recortes de jornais e revistas, desenhos. Coloque legendas nas ilustrações.

REFORÇO 9

Agricultura brasileira

Agricultura é o trabalho de preparar a terra, plantar e colher. A agricultura pode ser de subsistência ou comercial.

Agricultura de subsistência

É a utilizada para a alimentação do agricultor e de sua família. Só é vendido o que sobra. Os produtos mais cultivados são arroz, feijão, milho e mandioca.

Agricultura comercial

É aquela praticada em grandes extensões e com um só tipo de cultura. A produção destina-se à venda para consumo da população brasileira ou para outros países (exportação).

A base das nossas exportações agrícolas é o café, o açúcar e o etanol da cana-de-açúcar, a soja (em farelo, óleo e grão) e a laranja (transformada em suco).

RICARDO AZOURY/KEYDISC

GERSON GERLOFF/PULSAR IMAGENS

Silvicultura

A **silvicultura** é a atividade de florestamento ou reflorestamento. Consiste no plantio de árvores com o objetivo principal de vender produtos como a madeira para as indústrias de papel e celulose.

Os vegetais mais cultivados são o eucalipto, o pínus-americano, o pinheiro-brasileiro e a acácia-negra.

Saiba que

As grandes propriedades agrícolas são chamadas **latifúndios** e os seus proprietários são chamados **latifundiários**.

- As pessoas que trabalham na terra são chamadas **agricultores** ou **lavradores**.
- As pessoas que moram na cidade e vão trabalhar no campo na época das colheitas são chamadas **boias-frias**.
- **Monocultura** é a cultura, em determinada área de terra, de um só produto e **policultura** é o cultivo de vários produtos.

ATIVIDADES...

1. O que é agricultura?

2. Quais são os tipos de agricultura?

3. Para que é utilizada a agricultura de subsistência?

4. Mencione alguns dos produtos da agricultura de subsistência no Brasil.

5. Mencione alguns dos produtos de exportação agrícola no Brasil.

6. Que é silvicultura?

7. Quais são os vegetais usados no reflorestamento?

8. Assinale com um **x** as afirmativas corretas.

- [ ] Monocultura é a cultura de vários produtos.
- [ ] As grandes propriedades agrícolas são chamadas latifúndios.
- [ ] O café é um produto agrícola muito importado.
- [ ] A laranja é um produto apenas da agricultura de subsistência.
- [ ] A cultura de vários produtos é chamada policultura.

9. Pesquise para saber:

- quais são os produtos agrícolas de sua cidade.

- se há trabalhadores agrícolas em sua cidade.

REFORÇO 10

Atividades extrativistas

Extração vegetal

É a atividade de retirar da natureza produtos vegetais como madeira, sementes, frutos, raízes etc.

Os vegetais fornecem principalmente **madeira**, transformada em toras, lenha e carvão vegetal. Em seguida, estão os produtos **alimentícios** (guaraná, erva-mate, castanha-do-pará), os **oleaginosos** (babaçu), a **borracha** (látex), a **cera** (carnaúba) e as **fibras** (piaçava, sisal, caroá).

Extração animal

É a atividade de **caça** e **pesca**. A caça serve para a alimentação. A pesca é praticada para subsistência (alimentação) e comércio. Os maiores produtores de pescado são: Pará, Ceará, São Paulo, Maranhão, Santa Catarina e Rio de Janeiro.

RICARDO AZOURY/OLHAR IMAGEM

Extração mineral

Os produtos obtidos pela extração mineral são:

- os **minérios não metálicos** – as águas minerais, as areias, o sal marinho, o sal-gema, o calcário, o granito, o diamante etc.
- os **minérios metálicos** – são os mais importantes e valiosos. São o ouro, o ferro, o estanho, o alumínio, o manganês etc.

- os **minérios combustíveis** – são os que produzem energia quando queimam. São o carvão mineral, o gás natural e o petróleo.

ATIVIDADES...

1. Que é a extração vegetal?

2. Dê exemplos de extração vegetal.

a) Produtos alimentícios:

b) Oleaginosos:

c) Fibras:

3. Quais são as atividades da extração animal?

4. Para que a pesca é praticada?

5. Faça a correspondência, ligando com um traço.

minérios não metálicos	ferro, estanho, alumínio
minérios metálicos	carvão mineral, gás natural, petróleo
minérios combustíveis	calcário, granito, diamante

REFORÇO 11

Pecuária brasileira

Pecuária é a criação de **gado**.

O rebanho mais numeroso do Brasil é o **bovino** (de bois). O Brasil é o maior exportador de carne bovina desde 2008.

As áreas que concentram a criação de bovinos para a produção de leite são Minas Gerais e São Paulo.

Em Mato Grosso do Sul, no Rio Grande do Sul, em Goiás e no interior de Minas Gerais estão os maiores rebanhos de gado bovino para corte (destinado à produção de carne).

O segundo rebanho brasileiro mais numeroso é o **suíno** (de porcos). Paraná, Rio Grande do Sul, Santa Catarina e Minas Gerais são os estados com maior produção de suínos.

A criação de **ovinos** (ovelhas) é praticada em todo o Brasil, principalmente na Bahia, no Ceará, no Piauí e no Rio Grande do Sul, estado que produz quase que a totalidade da lã nacional.

Desenvolvemos também a criação de **caprinos** (cabras), **equinos** (cavalos), **muares** (burros), **asininos** (jumento, jegue, jerico) e **bufalinos** (búfalos). Há ainda a **cunicultura** (criação de coelhos).

Outras criações

JOÃO PRUDENTE/PULSAR IMAGENS

A **avicultura** (criação de aves) é muito desenvolvida em nosso país. Os maiores criadores são os estados de Paraná, Santa Catarina, Rio Grande do Sul, São Paulo e Minas Gerais.

Apicultura é a criação de abelhas para a produção de mel e cera. A maior produção de mel ocorre em Santa Catarina e no Rio Grande do Sul. A produção de cera de abelha é maior nos estados da Bahia e do Piauí.

A **sericicultura** é a criação do bicho-da-seda, para a produção de casulos de seda. Os maiores produtores são os estados de São Paulo e Paraná.

A **ranicultura** é a criação de rãs para fornecimento de carne.

ATIVIDADES...

1. O que é pecuária?

2. Qual é o rebanho mais numeroso do Brasil?

3. Onde se concentra a mais importante área de criação de bovinos para a produção de leite, no Brasil?

4. Onde estão as maiores criações de gado bovino para corte?

5. Quais são os estados que se destacam na criação de suínos?

6. Indique os estados com maiores criações de ovinos.

7. Complete com o nome dos animais correspondentes.

- ovinos: ovelhas
- suínos:
- caprinos:
- equinos:
- muares:
- asininos:
- bufalinos:
- bovinos:

8. Faça a correspondência.

1	cunicultura	( )	criação de aves
2	avicultura	( )	criação de bicho-da-seda
3	apicultura	( )	criação de coelhos
4	sericicultura	( )	criação de abelhas
5	ranicultura	( )	criação de rãs

9. Faça no seu caderno de casa uma ou duas páginas com colagens sobre a pecuária. Use desenhos, cartões, fotos, recortes de revistas ou de jornais. Escreva legendas para as imagens.

10. Procure saber se na sua cidade a pecuária está desenvolvida e qual o tipo de criação.

11. Desenhe em uma folha avulsa um animal da pecuária brasileira de que você gosta e coloque o desenho no mural da classe.

REFORÇO **12**

O comércio brasileiro

Comércio é atividade de compra, venda e troca de produtos. Pode ser:

- **comércio interno** – realizado dentro do país.
- **comércio externo** – feito entre países. Classifica-se em **exportação** (venda de produtos de um país para outro) e **importação** (compra de produtos de outro país).

As principais regiões comerciais do Brasil são: São Paulo (SP), Rio de Janeiro (RJ), Belo Horizonte (MG), Porto Alegre (RS), Curitiba (PR), Salvador (BA), Recife (PE) e Fortaleza (CE).

Exportação

Açúcar, café, soja, carne bovina, suco de laranja e aves são os principais produtos agropecuários exportados pelo Brasil. O país exporta ainda minérios, metais, madeiras e produtos industrializados (calçados de couro, papel, máquinas e ferramentas, automóveis e aparelhos elétricos, entre outros).

Importação

Nosso país importa principalmente petróleo, máquinas industriais, aparelhos hospitalares, produtos químicos (medicamentos, inclusive), produtos eletrônicos e trigo.

Os países com os quais mantemos maior relacionamento comercial são: China, Estados Unidos, Argentina e Alemanha.

ATIVIDADES...

1. O que é comércio?

2. Em que consiste o comércio externo?

3. O comércio interno é realizado dentro do ___.

4. Quando vendemos nossos produtos para outros países temos a ___.

5. O comércio de importação consiste na ___.

6. Cite três produtos que o Brasil:
   - importa:
   - exporta:

7. Dê o nome de alguns países com os quais mantemos maior relacionamento comercial.

8. Em grupo, faça um painel com produtos de importação e exportação. Use fotos ou desenhos, recortes de jornais ou revistas. Coloque legendas.

REFORÇO 13

A indústria no Brasil

O que é indústria

Indústria é a atividade de transformar produtos da natureza (**matérias-primas**) em produtos industrializados (roupas, calçados, móveis etc.).

A indústria pode ser de **extração** ou de **transformação**.

A indústria de **extração** retira os produtos naturais dos locais onde se encontram. Dela fazem parte a exploração vegetal, a mineração e a pesca.

A indústria de **transformação** é aquela que transforma a matéria-prima em produtos de uso e consumo. Exemplo: móveis, roupas, alimentos etc.

A indústria no Brasil

RICARDO AZOURY/PULSAR IMAGENS

As indústrias brasileiras mais relevantes são:

- as **siderúrgicas**: produzem ferro e aço.
- as **metalúrgicas pesadas**: produzem grandes peças e maquinários.
- as **petroquímicas**: que usam como matéria-prima o petróleo.

Também encontram-se bem desenvolvidas as indústrias de produtos alimentícios, químicos e têxteis, móveis, vestuário, calçados, papel, materiais elétricos etc.

As principais **áreas industriais** do Brasil são:

- **Grande São Paulo, Vale do Paraíba e Baixada Santista** (SP) – com destaque para as indústrias química e automobilística. A Grande São Paulo é o maior parque industrial da América Latina.
- **Grande Rio** (RJ), onde predomina a indústria de construção naval.
- **Grande Belo Horizonte** (MG), na qual sobressai a indústria siderúrgica.

Porto Alegre (RS), Recife (PE), Salvador (BA), Fortaleza (CE), Curitiba (PR) e Manaus (AM) também têm áreas industriais importantes.

Saiba que

Em alguns municípios já há áreas reservadas só para fins industriais. Essas áreas são instaladas fora da cidade, a fim de evitar a poluição.
São os "distritos industriais".

ATIVIDADES...

1. O que é indústria?

2. O que é matéria-prima?

3. O que faz a indústria extrativa? Dê exemplos.

4. O que faz a indústria de transformação? Dê exemplos.

5. Coloque **V** se for verdadeiro e **F** se for falso.

- [ ] A matéria-prima é oferecida pela natureza.
- [ ] A indústria de transformação não precisa da matéria-prima.
- [ ] As siderúrgicas produzem o ferro e o aço.
- [ ] A petroquímica usa o petróleo como matéria-prima.

6. Em grupo, pesquise uma indústria existente em sua cidade ou região. Siga o roteiro.

Nome da indústria: ______________________

Proprietário: ______________________

Que produtos fabrica: ______________________

Que matéria-prima utiliza: ______________________

De onde vem essa matéria-prima: ______________________

A maquinaria da indústria é antiga ou moderna: ______________________

A indústria consome muita ou pouca energia elétrica: ______________________

Onde essa indústria vende seus produtos: ______________________

Essa indústria se preocupa com a poluição? O que faz para evitá-la?

____

____

____

____

REFORÇO 14

A rede de transportes do Brasil

Rodovias (estradas de rodagem)

As rodovias podem ser municipais, estaduais ou federais.

Pelas rodovias circulam carros, caminhões, ônibus, motos etc.

As rodovias são as principais vias de transporte do Brasil.

Parte das rodovias federais e estaduais foi privatizada, isto é, são fiscalizadas pelo governo, porém são operadas por empresas particulares.

Ferrovias (estradas de ferro)

Os trens de carga e de passageiros circulam pelas ferrovias.

Eles transportam mercadorias por um custo mais econômico. Grande parte das ferrovias também foi privatizada.

Rede metroviária (metrô)

DANIEL CYMBALISTA/PULSAR IMAGENS

"Metrô" é uma abreviação de metropolitano e significa um meio de transporte urbano que circula sobre trilhos. Os trens do metrô podem ser subterrâneos ou de superfície.

Existem metrôs em Brasília e em algumas capitais do Brasil como São Paulo, Rio de Janeiro, Belo Horizonte, Recife, Salvador.

O metrô é um meio de transporte muito rápido e eficiente.

Aerovias

Os aviões e helicópteros circulam nas aerovias ou vias aéreas.

O transporte aéreo é o mais rápido e mais caro.

Ele é muito utilizado, principalmente nos lugares de difícil acesso.

Várias cidades do Brasil são dotadas de aeroportos modernos que permitem o trânsito de grandes aviões.

ATIVIDADES...

1. O que circulam nas rodovias?

2. O que circulam nas ferrovias?

3. O que é metrô?

4. Quais são os meios de transporte de sua cidade?

5. Pesquise quais são as principais rodovias e ferrovias do Brasil. Peça ajuda ao professor.

6. Em grupo, faça um painel sobre os meios de transporte. Use fotos, desenhos, recortes de jornais e revistas etc. Não se esqueça das legendas.

REFORÇO 15

Vias marítimas, fluviais e lacustres

Hidrovias marítimas

A navegação marítima é feita pelos oceanos e mares. Neles circulam navios, barcos, balsas e outras embarcações.

Há um grande movimento de carga transportada pela navegação marítima nos portos brasileiros.

Os principais portos do Brasil são: Santos e São Sebastião (SP), Rio de Janeiro (RJ), Recife (PE), Fortaleza (CE), Paranaguá (PR), Porto Alegre e Rio Grande (RS), Tubarão e Vitória (ES), Salvador (BA) e Belém (PA).

Hidrovias fluviais

A navegação fluvial é feita nos rios.

As hidrovias fluviais são utilizadas principalmente para transportar os produtos de exportação, tais como soja, café, arroz, milho, automóveis, minérios etc.

As principais hidrovias fluviais brasileiras localizam-se nas bacias do Rio Amazonas, do Rio São Francisco e do Rio Paraná.

Nos rios também existem portos fluviais para embarque e desembarque de mercadorias e passageiros.

Saiba que

Nos rios em que há cascatas ou trechos mais baixos ou mais altos que outro, são construídas as **eclusas**. Nelas as embarcações sobem ou descem de um nível de água para outro, para vencer os desníveis do rio.

Hidrovias lacustres

No lago e nas lagoas pratica-se a navegação lacustre.

No Brasil, destaca-se a navegação lacustre na Lagoa dos Patos e no Lago Guaíba (RS).

ATIVIDADES...

1. Faça a correspondência associando o meio de transporte à sua característica.

a) ferrovias **b)** hidrovias **c)** aerovias **d)** rodovias

☐ navegação marítima e fluvial ☐ estradas de ferro
☐ estradas de rodagem ☐ vias aéreas

2. Escreva nos parênteses **V** se for verdadeiro e **F** se for falso.

a) ☐ O avião é um meio de transporte aéreo.
b) ☐ O trem é o meio de transporte mais rápido.
c) ☐ Viajamos pelos rios em barcos ou navios.
d) ☐ O porto de Santos é fluvial.
e) ☐ O porto do Rio de Janeiro é marítimo.

3. Em que bacias ficam as principais hidrovias fluviais brasileiras?

4. Onde é praticada a navegação lacustre?

5. Dê o nome de três portos marítimos brasileiros.

REFORÇO

16 Comunicação no Brasil

Os principais meios de comunicação são a carta, os jornais, as revistas, o telegrama, o rádio, a televisão, o cinema, o teatro, o fax, o sedex, o telefone, a internet etc.

A Empresa Brasileira de Correios e Telégrafos (ECT) é a empresa que controla os serviços postais: cartas, telegramas, telex, sedex.

Para possibilitar as telecomunicações, isto é, as comunicações a distância, são usados os satélites artificiais.

Esses satélites giram em torno da Terra, recebendo e transmitindo mensagens, sons e imagens rapidamente, para qualquer parte do Brasil e outros pontos da Terra.

O Governo Federal continua controlando e fiscalizando o setor por meio da Agência Nacional de Telecomunicações (Anatel).

ATIVIDADES...

1. Dê o nome de cinco meios de comunicação.

2. Dê o nome da empresa que controla os serviços postais.

3. Como são feitas as comunicações a distância?

4. Descreva com suas palavras o que são satélites artificiais.

REFORÇO 17

As regiões brasileiras

O Brasil apresenta grandes diferenças internas quanto à população, ao relevo, à hidrografia, ao clima, à vegetação e às atividades econômicas. Por isso, foi criada uma divisão regional para facilitar seu estudo e administração.

Existem cinco regiões geográficas. Veja no mapa.

Brasil, regiões geográficas

Regiões do Brasil

Norte	Sigla
Acre	(AC)
Amapá	(AP)
Amazonas	(AM)
Pará	(PA)
Rondônia	(RO)
Roraima	(RR)
Tocantins	(TO)

Centro-Oeste	Sigla
Distrito Federal	(DF)
Goiás	(GO)
Mato Grosso	(MT)
Mato Grosso do Sul	(MS)

Nordeste	Sigla
Alagoas	(AL)
Bahia	(BA)
Ceará	(CE)
Maranhão	(MA)
Paraíba	(PB)
Pernambuco	(PE)
Piauí	(PI)
Rio Grande do Norte	(RN)
Sergipe	(SE)

Sudeste	Sigla
Espírito Santo	(ES)
Minas Gerais	(MG)
Rio de Janeiro	(RJ)
São Paulo	(SP)

Sul	Sigla
Paraná	(PR)
Rio Grande do Sul	(RS)
Santa Catarina	(SC)

ATIVIDADES...

1. Escreva ao lado dos mapas os nomes dos estados brasileiros que formam a região, seguidos de sua sigla e capital.

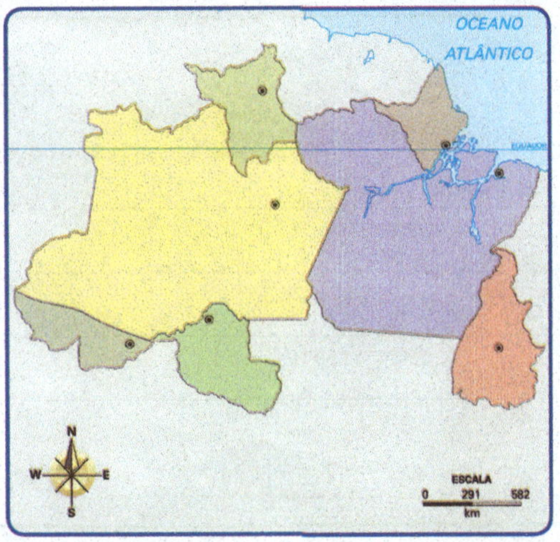

____

____

____

____

____

____

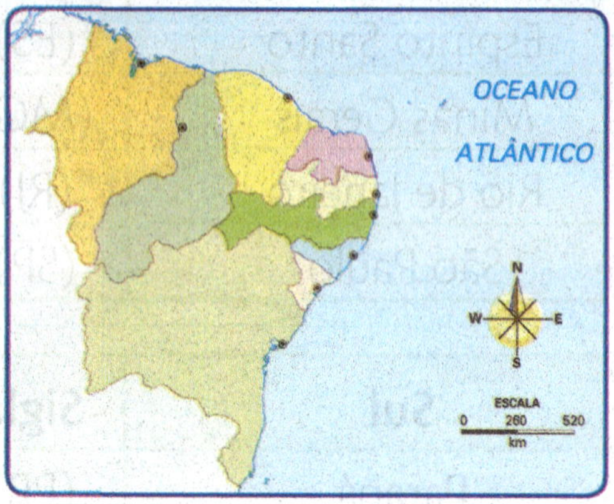
OCEANO
ATLÂNTICO
N
W
E
S
ESCALA
0 260 520
km

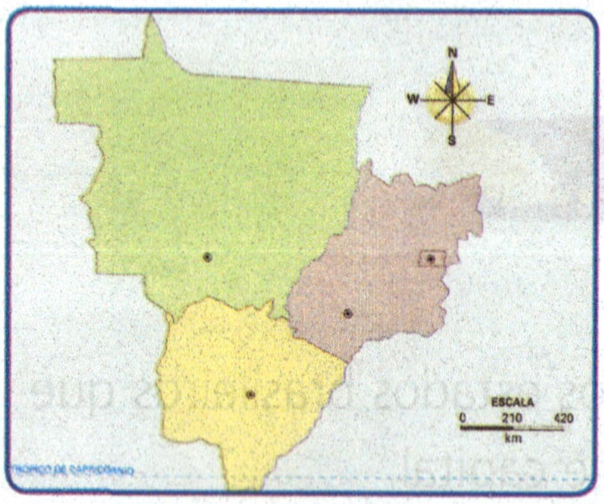
N
W
E
S
ESCALA
0 210 420
km

N
W
E
S
ESCALA
0 138 276
km
OCEANO
ATLÂNTICO

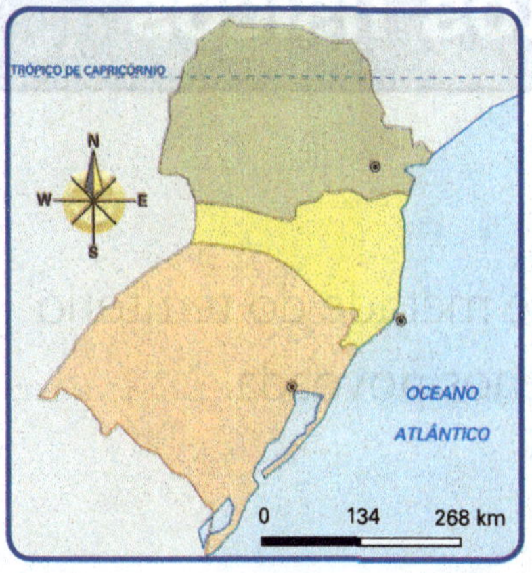

____

____

____

2. Em que região você mora?

3. Cole uma foto de alguma cidade brasileira e complete as frases.

Esta cidade se chama ______________________.
Ela fica no estado de ______________________, na Região ______________________.

REFORÇO 18

Região Norte: aspectos físicos

É a mais extensa das regiões brasileiras, quase metade do território nacional pertence a essa região. É também a menos povoada.

Relevo

RICARDO CAVALCANTI/KINO

No relevo da Região Norte destacam-se a Planície Amazônica, o Planalto das Guianas e depressões.

No Planalto das Guianas (na Serra do Imeri) localiza-se o Pico da Neblina, o mais alto do Brasil (veja a foto).

Esse pico, de acordo com os últimos resultados do IBGE (Instituto Brasileiro de Geografia e Estatística) e do IME (Instituto Militar de Engenharia) mede 2.993,75 m de altitude.

Hidrografia

DELFIM MARTINS/PULSAR IMAGENS

Destacam-se as bacias do Rio Amazonas (foto) e os rios Tocantins e Araguaia.

No Rio Tocantins está instalada a hidrelétrica de Tucuruvi.

No Rio Araguaia fica a maior ilha fluvial do mundo: a Ilha de Bananal.

Clima

Na Região Norte predomina o clima **equatorial** (quente e úmido). Alguns trechos da região apresentam clima **tropical**.

Vegetação

A maior parte da Região Norte é coberta pela **Floresta Equatorial** ou **Amazônica**. Há ainda: campos, cerrados, Mata dos Cocais e vegetação litorânea.

Litoral

Na foz do Rio Amazonas localiza-se o **Arquipélago Amazônico**, constituído pelas ilhas **de Marajó** (maior ilha do Brasil), **Caviana** e **Mexiana**. O litoral da Região Norte é banhado pelo Oceano Atlântico.

ATIVIDADES...

1. Quais são as formas de relevo da Região Norte?

2. O que se destaca na Serra do Imeri, no Planalto das Guianas?

3. De acordo com o IBGE e o IME, quanto mede o Pico da Neblina?

4. Quais são as bacias que banham essa região?

5. Que hidrelétrica se destaca no Rio Tocantins?

6. O que podemos destacar no Rio Araguaia?

7. Qual é o clima predominante na Região Norte?

8. O que podemos destacar quanto à vegetação da Região Norte?

9. O que se localiza na foz do Rio Amazonas?

10. Qual é a maior ilha do Brasil?

11. Cole uma imagem que tenha relação com a Região Norte. Faça a legenda.

REFORÇO 19

Região Norte: aspectos econômicos

Extrativismo animal

A pesca fluvial (comercial e de subsistência) é a principal extração animal da região. Destaca-se a pesca do peixe-boi, do pirarucu (maior peixe do Rio Amazonas), do tucunaré etc.

A caça é proibida no Brasil, mas há pouca fiscalização e muitos animais da Amazônia continuam sendo muito caçados. Por isso, diversas espécies correm o risco de extinção.

Extrativismo vegetal

As **madeiras de lei**, o **látex** (extraído da seringueira e do caucho), a **castanha-do-pará**, o **guaraná**, o **açaí** são os produtos mais explorados na Floresta Amazônica.

Da Mata dos Cocais retiram-se o **babaçu** e a **carnaúba**.

Extrativismo mineral

Manganês é explorado na Serra do Navio, no Amapá.

Minérios de ferro são extraídos na Serra dos Carajás, no Pará.

Ainda no Pará temos a exploração da **bauxita**.

Agricultura

Produtos de subsistência: arroz, feijão, milho, mandioca etc.

Agricultura comercial: juta, pimenta-do-reino, malva, cacau, guaraná etc.

Pecuária

O maior rebanho da Amazônia é o de **gado bovino**, destinado ao corte. As principais áreas de criação estão no Pará, no Amazonas, em Rondônia e no Acre.

Na Ilha de Marajó concentra-se o maior rebanho de **búfalos** do país.

Indústria

Na Região Norte estão instaladas indústrias têxteis, alimentícias, madeireiras e de produtos minerais. A indústria desenvolveu-se principalmente em Manaus (AM) e Belém (PA).

Comércio

A cidade de Belém (PA) é o maior centro comercial da Região Norte. A Zona Franca de Manaus apresenta um desenvolvido centro comercial de artigos fabricados na região e de produtos estrangeiros.

Transportes

A Região Norte é dotada de muitos rios navegáveis. Por isso a circulação da maior parte das riquezas da região é feita pelo transporte fluvial.

Rodovias

As principais rodovias são: Transamazônica, Belém-Brasília, Cuiabá-Santarém, Cuiabá-Porto Velho e Perimetral Norte (Perinor).

Ferrovias

As ferrovias mais importantes são:

- Estrada de Ferro Carajás – voltada para o transporte de minério de ferro. Liga a Serra dos Carajás (PA) a São Luís (MA), onde o ferro é exportado pelo Porto de Itaqui.
- Estrada de Ferro Amapá – liga a Serra do Navio ao Porto de Santana; destina-se ao transporte de manganês.

Transporte aéreo

Os principais aeroportos são os de Manaus e Belém.

Turismo

As principais atrações turísticas da Região Norte são o Rio Amazonas e a Floresta Amazônica; a Ilha de Marajó (PA); as cidades de Manaus e Belém, com seus prédios históricos; o Teatro Amazonas, em Manaus (AM), e o Teatro da Paz, em Belém (PA).

ATIVIDADES...

1. Complete.

a) Apesar de proibida, continua existindo ________ na Região Norte. Com isso, muitas espécies estão ________ de extinção.

b) Os peixes pescados com mais frequência na Região Norte são ________.

c) Os principais produtos vegetais mais explorados na região são o ________.

d) Quais são os produtos minerais explorados:

- na Serra do Navio, no Amapá? .
- na Serra dos Carajás, no Pará? .

2. São produtos de subsistência cultivados na Região Norte:

.

3. A agricultura comercial produz principalmente

.

4. O maior rebanho de búfalos no Brasil se concentra

.

5. Escreva nos quadrinhos.

a) Maior centro comercial da Região Norte.

☐☐☐☐☐

b) Tipo de transporte mais comum na Região Norte.

☐☐☐☐☐☐☐

c) Principais ferrovias da Região Norte.

☐☐☐☐☐☐☐ e ☐☐☐☐☐

6. Cite alguns pontos turísticos da Região Norte.

7. Você já visitou algum lugar da Região Norte? Se visitou, escreva sobre o assunto no seu caderno de casa. Se não visitou, use a imaginação, faça alguma pesquisa e escreva uma história inventada.

REFORÇO 20

Região Norte: aspectos humanos

População

ROSA GAUDITANO/STUDIO R

A população da Região Norte é pouco numerosa. A maior parte vive nas capitais e na beira dos rios. É grande a pobreza e são altos os índices de mortalidade infantil.

É uma região ocupada por inúmeros povos indígenas, destacando-se os indígenas Yanomâni (foto).

Folclore

O folclore da Região Norte é riquíssimo e muito influenciado pelos indígenas. As principais manifestações folclóricas da região são:

- **Festas populares** – indígenas; de Nossa Senhora do Círio de Nazaré, em Belém (PA), do boi-bumbá em Parintins (AM) etc.
- **Danças** – marujada, carimbó, boi-bumbá, cirandas etc.
- **Artesanato** – cerâmica marajoara, artigos feito com palhas, couro de búfalo, cestas indígenas etc.
- **Pratos típicos** – caldeirada de tucunaré, pirarucu, pato no tucupi, tapioca, tacacá etc.
- **Lendas** – Amazonas, Mãe-d'água, Curupira, Vitória-Régia, Uirapuru, Serpente Norato, Sumé.

Tipos humanos

- **castanheiros:** pessoas que trabalham na extração da castanha--do-pará;
- **vaqueiros:** cuidam do gado;
- **seringueiros:** extraem o látex das seringueiras;
- **pescadores:** vivem da pesca nos rios da região;
- **juticultores:** trabalham nas plantações de juta;
- **garimpeiros:** trabalham nas minas de ouro e diamantes.

ATIVIDADES...

1. Vamos recordar, resolvendo a cruzadinha.

a) Um estado da Região Norte.
b) Cidade onde está a Zona Franca.
c) Maior peixe do Amazonas.
d) Maior rio da região.
e) Festa realizada em Parintins.
f) Minério extraído no Amapá.
g) Prato típico.
h) Fruto de uma árvore típica do Pará.

			a)	A							
			b)	M							
c)				A							
d)				Z							
			e)	O		-					
		f)		N							
			g)	A							
		h)		S							

2. Em grupo, escolha um assunto da Região Norte e faça um painel, usando fotos, desenhos e recortes de jornais ou revistas. Escreva legendas.

REFORÇO 21

Região Centro-Oeste: aspectos físicos

RICARDO AZOURY/KEYDISC

Relevo

O relevo da Região Centro-Oeste apresenta **planaltos**, **depressões** e **planícies**.

A principal planície é a do Pantanal Mato-Grossense, situada nos estados de Mato Grosso e Mato Grosso do Sul, ao longo do Rio Paraguai. O Pantanal é frequentemente alagado pelas cheias do Rio Paraguai e seus afluentes. Nele vivem mais de mil espécies de animais.

O Planalto Central ocupa a maior parte da região, apresentando serras e outras elevações.

Além disso, há muitas depressões na região.

Hidrografia

A Região Centro-Oeste é banhada pelas bacias:

- do Amazonas: Rio Xingu;
- do Paraná: rios Paraná e Paraguai;
- do Tocantins (foto): Rio Araguaia.

ROGÉRIO REIS/PULSAR IMAGENS

Clima

O clima predominante na Região Centro-Oeste é o **tropical**. No norte da região, onde existe a Floresta Amazônica, o clima é **equatorial**.

Vegetação

- O cerrado é a vegetação predominante da região.
- A Floresta Amazônica estende-se a norte e oeste do estado de Mato Grosso.
- O Complexo do Pantanal, com sua vegetação típica, ocupa a planície do mesmo nome.

- A Floresta Tropical concentra-se no sudeste dos estados de Mato Grosso, Mato Grosso do Sul e Goiás.
- Na Região Centro-Oeste existem ainda muitos campos, onde há pastagens para a criação de gado.

ATIVIDADES...

1. Quais são as formas de relevo existentes na Região Centro-Oeste?

2. Qual é a principal planície localizada nessa região?

3. Quais são as bacias hidrográficas dessa região?

4. Qual é o clima predominante na Região Centro-Oeste?

5. Faça a correspondência numerando.

1 cerrado	☐ principal planície
2 campos	☐ norte e oeste da Região Centro-Oeste
3 Pantanal	☐ sudeste da Região Centro-Oeste
4 Floresta Amazônica	☐ onde há pastagens
5 Floresta Tropical	☐ vegetação predominante

REFORÇO 22

Região Centro-Oeste: aspectos econômicos

Extrativismo animal

A **pesca fluvial** é muito praticada no Pantanal, mais como lazer do que como atividade econômica.

A **caça** indiscriminada é uma ameaça aos animais como cervo-do--pantanal, onça-pintada, tamanduá-bandeira e algumas espécies de aves.

Extrativismo vegetal

Os principais produtos extraídos e empregados na indústria são:

- a **poaia** ou ipecacuanha (usada em remédios), as madeiras de lei e o látex, extraídos da Floresta Amazônica;
- a **erva-mate**, presente nos vales dos rios;
- o **quebracho** (do qual se extrai o tanino, usado para curtir o couro), em Mato Grosso do Sul.

Extrativismo mineral

Os produtos minerais mais explorados na região são:

- **ferro** e **manganês**, junto ao Maciço do Urucum, em Mato Grosso do Sul;
- **cristais de rocha** (ametista, turmalina, topázio, amianto) e **níquel**, em Goiás;
- **ouro** e **diamante**, em Mato Grosso.

Agricultura

A agricultura e a pecuária são as principais atividades econômicas do Centro-Oeste.

A existência de solos férteis como a terra roxa, no sul de Goiás e de Mato Grosso do Sul, contribuiu bastante para o desenvolvimento da agricultura.

Os produtos mais cultivados são o arroz, a soja, o milho, a mandioca, o feijão, o algodão, o café e o trigo.

Pecuária

O Pantanal constitui-se de excelentes pastagens e a pecuária é a sua principal atividade econômica. A mais importante criação da Região Centro-Oeste é a de gado bovino.

Mato Grosso do Sul tem os maiores rebanhos bovinos e ovinos da região. Em todo o Centro-Oeste a avicultura é muito desenvolvida.

Comércio

O comércio desenvolve-se principalmente em Brasília (capital do país), nas capitais dos estados e nas grandes cidades.

Os produtos mais vendidos pela Região Centro-Oeste são soja, milho, arroz, carnes e derivados, erva-mate, borracha, ferro, manganês e cristais de rocha.

Os produtos mais comprados são veículos, combustíveis, trigo, açúcar e máquinas.

Indústria

A maior parte das indústrias da Região Centro-Oeste concentra-se em Goiás. São indústrias de **alimentos**, **bebidas**, **fumo**, **tecidos**, **cimento**, **minerais**, **produtos farmacêuticos** e **têxteis**.

Em Mato Grosso do Sul e Goiás estão instaladas indústrias **metalúrgicas** e **químicas**.

Transportes

Rodovias

As principais rodovias da Região Centro-Oeste são:

- **Belém-Brasília**, que liga a Região Centro-Oeste à Região Norte;
- **Transpantaneira**, que corta o Mato Grosso e o Mato Grosso do Sul;
- **Cuiabá-Santarém**, que liga a capital do Mato Grosso ao interior do Pará.

Ferrovias

- Estrada de Ferro **Noroeste Brasil**, só para cargas;
- Estrada de Ferro **São Paulo-Brasília**;
- **Estrada de Ferro Goiás**;
- **Ferronorte (Ferrovia Norte do Brasil)**, em construção. O projeto é ligar Porto Velho (RO) e Santarém (PA), passando por Cuiabá (MT) até chegar a São Paulo e ao porto de Santos.

Navegação fluvial

É feita em um pequeno trecho do Rio Paraná e em quase todo o Rio Paraguai e seus afluentes. É destinada principalmente ao transporte de cargas.

A **hidrovia Tocantins-Araguaia** está em construção e servirá principalmente para o transporte de soja.

Os principais **portos fluviais** da Região Centro-Oeste são:

- Corumbá, Ladário e Cáceres, no Rio Paraguai;
- Cuiabá, no Rio Cuiabá.

Transporte aéreo

O transporte aéreo de passageiros desempenha papel importantíssimo na região devido às grandes distâncias e à insuficiência de rodovias e ferrovias. Os principais aeroportos são os de Brasília (DF), Goiânia (GO), Cuiabá (MT) e Campo Grande (MS).

Turismo

Entre as atrações turísticas da Região Centro-Oeste, destacam-se:

- a cidade de Brasília (DF), famosa por sua arquitetura e urbanismo;
- a cidade de Goiás, com construções do Brasil colonial;
- Caldas Novas (GO), reserva de águas termais;
- o marco do centro geográfico da América do Sul, em Cuiabá (MT);
- as grutas subterrâneas de Bonito (MS);
- os monumentos históricos aos heróis da Retirada da Laguna, em Nioaque (MS);
- a Chapada dos Guimarães, em Mato Grosso;
- pratos típicos: empadão goiano, galinhada e pratos à base de peixe. A bebida mais comum é o chimarrão;
- artesanato: cerâmica, artigos de prata com pedras semipreciosas, cristais, objetos de madeira etc.

ATIVIDADES...

1. Dê exemplos de produtos vegetais extraídos da Floresta Amazônica.

2. Onde aparece, na Região Centro-Oeste:

a) a erva-mate?

b) o quebracho?

3. Onde a pesca fluvial é mais praticada na Região Centro-Oeste?

4. Onde o ferro e o manganês são explorados nessa região?

5. Quais são os minerais encontrados:

a) em Goiás?

b) em Mato Grosso?

6. O que contribuiu para o desenvolvimento da agricultura em Mato Grosso do Sul?

7. Quais são os produtos mais cultivados no Centro-Oeste?

8. Qual é a criação mais importante na pecuária da Região Centro-Oeste?

9. Onde o comércio está mais desenvolvido na Região Centro-Oeste?

10. Que tipos de indústria existem na Região Centro-Oeste?

11. Quais são as rodovias que cortam a Região Centro-Oeste?

12. Cite o nome de três ferrovias da Região Centro-Oeste.

13. Em que rios é feita a navegação fluvial na Região Centro-Oeste?

14. Sobre a Região Centro-Oeste, dê o nome de três:

- atrações turísticas:
- pratos típicos:
- produtos de artesanato:

15. Em grupo, escolha um dos temas relacionados com a Região Centro-Oeste (rios, relevo, clima, vegetação etc.) e faça um painel, usando fotografias, recortes de jornais ou revistas, desenhos, tudo com legenda.

REFORÇO 23 Região Centro-Oeste: aspectos humanos

População

A região Centro-Oeste é pouco povoada.

A população regional é constituída predominantemente de brancos e caboclos.

Grupos indígenas vivem em reservas como o Parque Nacional do Xingu, no estado do Mato Grosso.

ROSA GAUDITANO/STUDIO R

Indígenas Waurá, Parque Nacional do Xingu, MT.

Tipos humanos

Na região Centro-Oeste destacam-se:

- **boiadeiros** – cuidam do gado;
- **ervateiros** – trabalham na extração de erva-mate;
- **seringueiros** – trabalham na extração do látex;
- **garimpeiros** – trabalham na extração de minérios.

Folclore

- **Lendas:** do Pé de Garrafa, do Romãozinho, do Lobisomem etc.
- **Festas populares:** cavalhada, rodeios, Festa do Divino em Pirenópolis (GO).
- **Danças:** cururu, roda de São Gonçalo, congada, folia de reis, moçambique.
- **Pratos típicos:** peixes, galinhada, arroz de pequi, empadão goiano.

Saiba que

- A Região Centro-Oeste tem muitos problemas a ser resolvidos. Há altos índices de analfabetismo, falta de saneamento básico, necessidade de mais ferrovias e rodovias. Há ainda a invasão das terras indígenas e falta de controle na caça e na pesca.
- Brasília, capital do Distrito Federal, é uma cidade que foi planejada pelos arquitetos Oscar Niemeyer e Lúcio Costa.
- Goiânia, capital do estado de Goiás, é uma cidade moderna, planejada antes da sua construção.

ATIVIDADES...

1. Complete.

a) Na população da Região Centro-Oeste predominam os ______________________________.

b) Os grupos indígenas vivem em reservas como o ______________________________.

2. Dê o nome de três:

- lendas:
- festas populares:
- danças:

3. Vamos recordar, resolvendo a cruzadinha.

a) Maior ilha fluvial do mundo, pertencente à Região Norte.
b) Vegetação predominante na Região Centro-Oeste.
c) Planície da Região Centro-Oeste.
d) Primeiro nome de um dos arquitetos que planejaram Brasília.
e) Capital do estado de Mato Grosso.
f) Primeiro nome do presidente que ordenou a construção da cidade de Brasília.
g) Capital do estado de Goiás.
h) Capital do estado do Mato Grosso.

a)						B	☐	☐	☐	☐	☐	☐				
b)				☐	☐	R	☐	☐	☐	☐						
c)		☐	☐	☐	☐	A	☐	☐	☐							
d)					☐	S	☐	☐	☐							
e)				☐	☐	Í	☐	☐	☐							
f)	☐	☐	☐	☐	☐	L	☐	☐	☐							
g)				☐	☐	I	☐	☐	☐	☐						
h)					☐	A	☐	☐	☐	*	☐	☐	☐	☐	☐	☐

4. Escreva **V** se for verdadeiro e **F** se for falso sobre a Região Centro--Oeste.

- ☐ O chimarrão é uma bebida típica da região.
- ☐ O vatapá é uma comida típica da região.
- ☐ A criação de bovinos é a maior da região.
- ☐ A Gruta de Bonito é uma atração turística.
- ☐ O ervateiro extrai o látex.

5. Faça a correspondência ligando com um traço.

boiadeiro	extrai a erva-mate
ervateiro	cuida do gado
seringueiro	extração de minérios
garimpeiro	extração do látex

6. Ligue cada elemento do folclore da Região Centro-Oeste à sua categoria.

danças	cerâmica
festas	Lobisomem
artesanato	galinhada
lendas	congada
culinária	cavalhada
	Romãozinho
	moçambique

7. Você já visitou algum lugar da Região Centro-Oeste? Escreva um texto sobre o lugar que visitou. Se não conhece a Região Centro-Oeste, escreva um texto sobre uma aventura imaginária que você viveu lá.

REFORÇO 24

Região Nordeste: aspectos físicos

O relevo dessa grande região é formado por **planaltos**, **depressões** e uma **planície**.

Depressões: Sertaneja e do São Francisco.

Planaltos: destacam-se nos planaltos as chapadas do Ibiapaba, das Mangabeiras, do Araripe, Diamantina, Apodi.

Planícies e tabuleiros: ao longo do litoral com suas praias, mangues, restingas, dunas e recifes.

Hidrografia

Os rios nordestinos são classificados em:

- **perenes** – nunca secam, localizam-se nas zonas chuvosas;
- **temporários** – secam durante as estiagens, ficam no sertão.

A principal bacia da região é a do Rio São Francisco.

O Rio São Francisco é um rio perene. Ele liga as regiões Nordeste e Sudeste. Nele estão instaladas as usinas hidrelétricas de Paulo Afonso, Sobradinho, Xingó, Motoxó e Itaparica.

O rio temporário mais extenso é o Rio Jaguaribe.

A Região Nordeste é ainda banhada pelos rios Mearim, Itapicuru, Parnaíba, Capibaribe e outros.

O Rio Parnaíba separa o Maranhão do Piauí e nele fica a usina hidrelétrica de Castelo Branco.

Açudes

PALÊ ZUPANNI/PULSAR IMAGENS

Açudes são lagos artificiais construídos para armazenar água que será usada na época da seca.

Na Região Nordeste destacam-se os açudes:

- Orós, Ararás e Banabuiu, no Ceará;
- Cocorobó, na Bahia.

Barragem

É o represamento artificial das águas de um rio. Na Região Nordeste, um exemplo é a Barragem de Sobradinho, no Rio São Francisco (BA), onde está instalada uma importante usina hidrelétrica.

Litoral

No litoral nordestino encontram-se:

- **ilhas**, como as de São Luís (MA); de Itamaracá (PE) e de Itaparica (BA);
- **arquipélagos**, com destaque para Fernando de Noronha (PE) e Abrolhos (BA);
- **cabos**, como os de São Roque (RN) e Branco (PB);
- **baías**, por exemplo as de São Marcos e São José (MA) e de Todos-os-Santos (BA);
- **dunas**, destacando-se as do Parque Nacional dos Lençóis Maranhenses e do Delta do Parnaíba (MA).

Clima

O clima predominante na Região Nordeste é o **tropical**, mas há variações:

- **semiárido**, no sertão nordestino. Nessa área localiza-se o **Polígono das Secas**, onde ocorrem secas mais frequentes e demoradas.
- **equatorial**, atinge o oeste do estado do Maranhão.
- **tropical úmido**, na Zona da Mata.

Vegetação

- Na Região Nordeste aparecem os seguintes tipos de vegetação: caatinga, cerrado, Floresta Amazônica, Mata Tropical, Mata dos Cocais, vegetação litorânea.

ATIVIDADES...

1. Em duplas, consultem um dicionário para descobrir o significado das palavras.

duna:

mangue:

restinga:

recife:

chapada:

2. Qual é a principal bacia hidrográfica da Região Nordeste?

3. Dê o nome de três hidrelétricas no Rio São Francisco.

4. Qual é o rio temporário mais extenso da Região Nordeste?

5. Quais são os maiores açudes da Região Nordeste?

6. Faça a correspondência.

1 rio	☐ Orós
2 açude	☐ de Sobradinho
3 planalto	☐ Parnaíba
4 depressão	☐ da Chapada Diamantina
5 hidrelétrica	☐ Sertaneja
6 barragem	☐ de Paulo Afonso
7 ilha	☐ de Todos-os-Santos
8 cabo	☐ de Fernando de Noronha
9 baía	☐ de São Roque
10 arquipélago	☐ de São Luís

7. O que se encontram nas terras baixas das planícies?

8. Complete.

a) O clima predominante na Região Nordeste é o ______.

b) No clima semiárido do sertão nordestino localiza-se o ______.

c) Nome de cinco tipos de vegetação da Região Nordeste: ______.

REFORÇO 25

Região Nordeste: aspectos econômicos

Extrativismo animal

A **pesca marinha** é muito importante para a economia da Região Nordeste. Ela fornece principalmente peixes, camarão, tainha, lagosta, moluscos etc. para subsistência e para comércio.

Extrativismo vegetal

Destaca-se o extrativismo de babaçu, carnaúba, caroá, dendê, oiticica, piaçaba, castanha-de-caju, madeira de lei, juta e outros.

Extrativismo mineral

Petróleo, minério de ferro, cobre, manganês, cromo, gesso, tungstênio, mármore, sal marinho etc.

Agricultura

A cultura mais importante da Região Nordeste é a da **cana-de-açúcar**.

Também são importantes as culturas de **mandioca**, **milho**, **algodão**, **arroz**, **feijão**, **coco-da-baía**, **mamona**, **fumo** e **frutas**.

Ainda são importantes, mas estão diminuindo, culturas tradicionais na região como a do **cacau** (na Bahia) e de **algodão** (em todo o Nordeste).

Pecuária

A criação de gado é uma atividade tradicional do sertão nordestino.

Os principais rebanhos da Região Nordeste são de bovinos, suínos, caprinos, asininos, muares, equinos e ovinos.

Comércio

A Região Nordeste vende, entre outros produtos, cera de carnaúba, óleo de babaçu, mamona, algodão, fibras, produtos de pesca, peles e couros, sal marinho, coroá, coco-da-baía, petróleo, conservas alimentícias e artigos de artesanato.

Indústria

Os maiores centros industriais do Nordeste são Bahia, Pernambuco e Ceará.

As regiões metropolitanas de Salvador (BA), Recife (PE) e Fortaleza (CE) concentram o maior número de indústrias da região, entre as quais se destacam as alimentícias, têxteis, de confecções, de calçados, petroquímica, metalúrgica e de minerais não metálicos.

Transportes

Rodovias

- Rio-Fortaleza (BR-116)
- Rio-Natal (BR-101).
  Essas duas rodovias se interligam em Salvador (BA).
- Transnordestina – liga, pelo interior, Feira de Santana (BA) a Fortaleza (CE) e se comunica com a Rio-Bahia.

Ferrovias

A rede ferroviária atende principalmente ao transporte de produtos para os portos da Bahia, de Sergipe, Alagoas, Pernambuco, Paraíba e Ceará.

Em Recife, funciona o metrô de superfície, um meio de transporte rápido e eficiente que evita o congestionamento do trânsito.

Navegação

A **navegação marítima** é muito importante para o transporte de produtos na Região Nordeste.

O principal porto marítimo regional é o de Recife.

Além de Recife há ainda os portos marítimos de São Luís e Itaqui (MA), Suape (PE), Fortaleza (CE), Cabedelo (PB), Natal (RN), Salvador e Madre de Deus, Aracaju (AL).

A **navegação fluvial** é feita no Rio São Francisco (foto), no curso que vai das cidades vizinhas de Petrolina (PE) e Juazeiro (BA) até Pirapora (MG), e de Piranhas (AL) até sua foz.

EDSON SATO/PULSAR IMAGENS

Turismo

RICARDO AZOURY/KEYDISC

Farol da Barra, Salvador, BA.

Na Região Nordeste, destacam-se as seguintes atrações turísticas:

- as praias;
- as cidades históricas: São Luís (MA), Salvador (BA), Recife e Olinda (PE);
- o Parque Nacional de Sete Cidades (PI);
- a Gruta de Ubajara, na cidade de Ubajara (CE);
- o Arquipélago de Fernando de Noronha (PE);
- a Pedra do Ingá, na cidade de Ingá (PB);
- a Feira de Caruaru (PE);
- o artesanato, constituído por objetos de madeira, couro, palha, sisal, cerâmica etc.; as carrancas de madeira; os bonecos de barro; as rendas de bilro, os bordados etc;
- as festas folclóricas, como a comemoração de São João.

ATIVIDADES...

1. O que a pesca marinha da Região Nordeste fornece?

2. Dê o nome de cinco produtos de extrativismo vegetal da Região Nordeste.

3. Petróleo, minério de ferro, sal marinho são produtos do extrativismo da Região Nordeste.

4. A criação de gado é uma atividade tradicional do .

5. As culturas mais importantes do Nordeste são

6. Os maiores centros industriais da Região Nordeste são .

7. As duas principais rodovias da Região Nordeste são .

8. A rodovia que liga, pelo interior, Feira de Santana a Fortaleza chama-se .

9. Principal porto marítimo da Região Nordeste: .

10. No Nordeste, a navegação fluvial é feita principalmente no Rio .

11. Os aeroportos mais utilizados na Região Nordeste são os de .

Região Nordeste: aspectos humanos

População

A Região Nordeste é a segunda mais populosa do Brasil. Sua população é constituída por brancos, mestiços e negros.

Na Zona da Mata, é forte a presença do mulato.

Tipos humanos

- **jangadeiros** – trabalham na pesca;
- **vaqueiros** – cuidam do gado;
- **barranqueiros** – levam pessoas e mercadorias em canoas pelo Rio São Francisco;
- **rendeiras** – fazem renda para vender;
- **baianas** – vendem comidas típicas.

Folclore

Lendas: da Iara, do Saci-Pererê, do Curupira, do Lobisomem etc.

Danças típicas: o frevo, o cateretê, o bumba meu boi, a cavalhada, o bambolê, o baião, o fandango, o maracatu, os guerreiros, a congada, as cirandas, a capoeira, os caboclinhos etc.

Festas populares: o Carnaval de Salvador (BA), Olinda e Recife (PE); as festas juninas em Caruaru (PE) e Campina Grande (PB); a lavagem da Igreja do Senhor do Bonfim, em Salvador (BA); a Missa do Vaqueiro, em Pernambuco; a Vaquejada de Morada Nova, no Ceará; a encenação do Drama da Paixão de Cristo, em Nova Jerusalém (PE).

EDSON RUIZ/FOLHA IMAGEM

Pratos típicos: vatapá, caruru, acarajé, abará, jabota ao leite de coco, peixadas, torta de caranguejo, galinha de cabidela, carne de vento ou carne de sol, cocadas, quindins etc.

Saiba que

- A Região Nordeste ainda enfrenta muitos problemas, sendo a seca um dos maiores.
- Sanfoneiros e cantores repentistas, e folhetos de literatura de cordel são também marcas culturais do Nordeste.

ATIVIDADES...

1. Dê o que se pede sobre a região.

a) Três lendas:

b) Três tipos humanos:

c) Três atrações turísticas:

2. Você já comeu alguma comida típica da Região Nordeste? Escreva qual foi a comida, se gostou ou não.

3. Vamos recordar, resolvendo a cruzadinha.

a) Elevações móveis de areia.

b) Nome de um açude.

c) Rio que separa o Maranhão do Piauí.

d) Uma das formas de relevo do Nordeste.

e) Porto marítimo paraibano.

f) Uma das usinas hidrelétricas do Rio São Francisco.

g) Ilha pernambucana.

h) Um dos tipos humanos do RN (feminino).

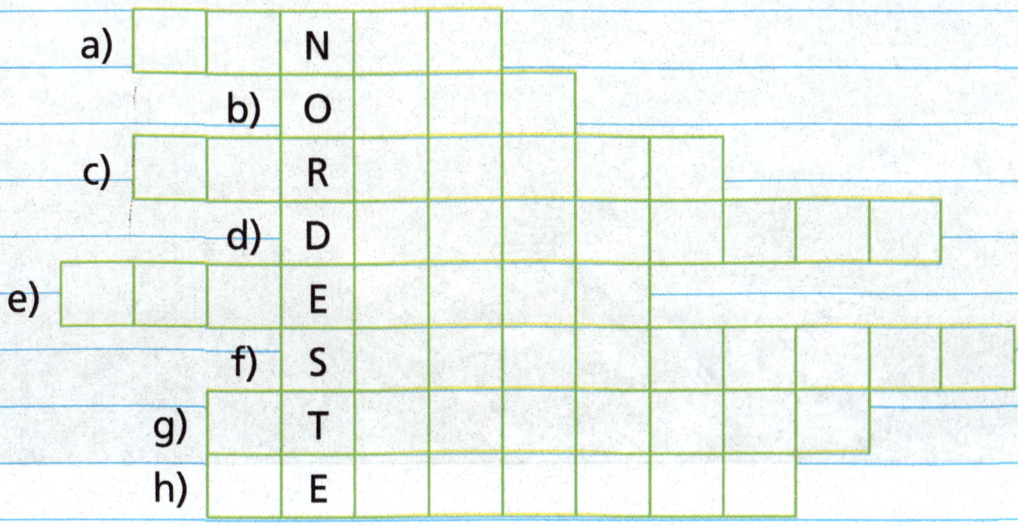

4. Encontre no diagrama alguns elementos do folclore nordestino.

Á	S	R	C	U	R	U	N	Q	U	I	N	D	I	M	R
V	A	T	A	P	Á	W	C	U	R	U	P	I	R	A	E
R	A	D	C	E	R	Â	M	I	C	A	A	N	Q	U	N
K	T	R	C	A	R	N	A	V	A	L	T	I	L	H	D
C	O	N	G	A	D	A	Á	B	O	R	D	A	D	O	A

5. Faça um painel (escolha o assunto) sobre lendas, danças, festas ou pratos típicos do Nordeste. Use fotos, retratos, recortes de jornais e revistas, tudo com legenda.

REFORÇO 27

Região Sudeste: aspectos físicos

MAURICIO SIMONETTI/PULSAR IMAGENS

Relevo

O relevo da Região Sudeste é formado:

- pelo **Planalto Atlântico**, onde se localizam as serras do Mar, Mantiqueira, Espinhaço e Caparaó;
- por parte do **Planalto Meridional**;
- pela **Planície Costeira** ou **Litorânea**, representada pelas baixadas Fluminense (RJ) e Santista (SP).

Na Serra do Caparaó (ES) localiza-se o ponto culminante da Região Sudeste, o Pico da Bandeira, com 2.891,9 m de altitude.

Hidrografia

A Região Sudeste é banhada principalmente pelas **bacias hidrográficas** do **São Francisco** e do **Paraná**.

A Região Sudeste ainda é banhada por bacias do Atlântico Sul, destacando-se os rios Jequitinhonha, Doce, Paraíba do Sul e Ribeira de Iguape.

Usinas hidrelétricas

As principais usinas hidrelétricas da região são:

MAURICIO SIMONETTI/PULSAR IMAGENS

- **usina hidrelétrica de Três Marias**, no Rio São Francisco.
- **complexo hidrelétrico de Urubupungá**, formado pelas usinas hidrelétricas de Ilha Solteira e Jupiá (hoje chamada Engenheiro Sousa Dias), no Rio Paraná.
- **Furnas** (veja foto), no Rio Grande (MG).

Litoral

Os principais destaques são:

RUBENS CHAVES/PULSAR IMAGENS

- **ilhas**: de São Sebastião, de São Vicente, Comprida (vista na foto), do Cardoso e Santo Amaro, em São Paulo; Grande, Paquetá, do Governador, no Rio de Janeiro; a Ilha Vitória (onde se localiza a capital do Espírito Santo). Afastadas do litoral, encontram-se as ilhas de Martim Vaz e Trindade.
- **cabos**: São Tomé e Cabo Frio, no Rio de Janeiro.

Clima

Os tipos de clima existentes na Região Sudeste são:

- **tropical de altitude**, o tipo predominante;
- **tropical úmido**, no litoral;
- **semiárido**, com chuvas escassas no norte e nordeste de Minas Gerais e no Vale do Jequitinhonha.

Vegetação

A Região Sudeste é a mais atingida pela devastação das matas. Sua vegetação é constituída de: **cerrado**, **florestas tropicais**, **vegetação litorânea** e **caatinga**.

ATIVIDADES...

1. Quais são as principais serras do Planalto Atlântico?

2. O que se destaca na Serra de Caparaó?

3. Quais são as bacias hidrográficas que banham a Região Sudeste?

4. Qual é a capital do estado do Espírito Santo e onde se localiza?

5. Cite ilhas da Região Sudeste afastadas do litoral.

6. Dê o nome de três rios das bacias do Atlântico Sul.

7. Faça a correspondência, numerando.

1	ilha	☐	de Guanabara
2	cabo	☐	do Mar
3	baía	☐	São Roque
4	hidrelétrica	☐	Paraíba do Sul
5	serra	☐	Urubupungá
6	rio	☐	do Governador

8. Coloque **V** se for verdadeiro e **F** se for falso.

☐ O estado de Minas Gerais é banhado pelo mar.
☐ O Pico da Bandeira localiza-se na Serra do Mar.
☐ A Ilha de São Vicente fica no estado de São Paulo.
☐ A hidrelétrica de Furnas fica no Rio Grande.

9. Qual é o tipo de clima em que as chuvas são escassas na Região Sudeste?

10. Dê três tipos de vegetação da Região Sudeste

REFORÇO 28

Região Sudeste: aspectos econômicos

Extrativismo vegetal

Pouco resta da riqueza vegetal da Região Sudeste, que é a mais atingida pela devastação das matas.

Entretanto, há **extração de madeiras** junto à floresta tropical, no norte do Espírito Santo, e **exploração do cerrado** para se obter lenha, em Minas Gerais.

Extrativismo animal

Destaca-se a **pesca marinha**, praticada especialmente nos estados de São Paulo e do Rio de Janeiro.

Extrativismo mineral

O estado de Minas Gerais é grande produtor de **ferro**, extraído na região conhecida como **Quadrilátero Ferrífero**, localizada próximo a Belo Horizonte.

O **petróleo** é explorado principalmente nos estados do Rio de Janeiro e Espírito Santo.

Outros produtos minerais encontrados são **ouro**, **bauxita**, **manganês**, **cassiterita**, **urânio**, **calcário**, **chumbo**, **sal marinho**, **areia monazítica**, **águas minerais** etc.

Agricultura

O tipo predominante é a **agricultura comercial**. Os principais produtos agrícolas cultivados são: café, cana-de-açúcar, soja, laranja, milho, arroz, feijão, algodão, frutas e verduras.

Café, soja e laranja (transformada em suco) são destinados principalmente à exportação.

Pecuária

A pecuária se destaca pelo rebanho de bovinos, suínos, ovinos e criação de coelhos.

Minas Gerais é o maior criador de gado bovino e apresenta a maior produção de leite da Região Sudeste.

A **avicultura** brasileira tem destaque na Região Sudeste, com a criação de galináceos e a maior produção brasileira de carne e ovos.

Destaca-se também a sericicultura (criação do bicho-da-seda), principalmente em São Paulo.

Comércio

O comércio é muito desenvolvido na Região Sudeste.

Os principais produtos vendidos são: café, calçados, sal, açúcar, soja, minério, gêneros alimentícios, tecido, couros, fibras e matérias-primas em geral, automóveis e navios.

Os centros comerciais mais importantes são as capitais e as principais cidades dos estados.

Indústria

A Região Sudeste é a mais industrializada do país.

As principais indústrias são:

- **automobilística**, em São Paulo e Minas Gerais;
- **siderúrgica**, em Minas Gerais, Rio de Janeiro e São Paulo;
- **petroquímica**, em São Paulo, Rio de Janeiro e Minas Gerais;
- **naval**, no Rio de Janeiro;

* **aeronáutica**, em São Paulo;
* de **materiais elétricos e eletrônicos**, em São Paulo.

Também são importantes as indústrias alimentícia, têxtil, de artefatos de couro, de papel, de alumínio, de bebidas, de eletrodomésticos.

Transportes

Rodovias

As principais rodovias da Região Sudeste são:

* **Régis Bittencourt** (São Paulo-Curitiba), **Dutra** (São Paulo-Rio de Janeiro) e **Rio-Bahia**, que constituem a BR-116;
* **Rio-Belo Horizonte**;
* **Rio-Santos** (BR-101) – liga São Paulo ao Rio de Janeiro pelo litoral;
* **Fernão Dias** (BR-381) – liga São Paulo a Minas Gerais.

Ferrovias

A maioria das ferrovias do Sudeste está ligada aos portos da região e é usada para transporte de cargas. Destaca-se a Estrada de Ferro Vitória--Minas, a Ferrovia do Minério de Ferro, que liga o Quadrilátero Ferrífero (MG) aos portos de Tubarão e Vitória (ES).

Cidades como São Paulo e Rio de Janeiro possuem metrô.

Navegação marítima

Na Região Sudeste estão localizados os portos marítimos mais importantes do país, como os de São Sebastião e Santos (SP), Rio de Janeiro (RJ), Vitória e Tubarão (ES), Angra dos Reis (RJ).

O porto de São Sebastião (SP) é especializado no transporte de petróleo.

Navegação fluvial

A navegação fluvial é feita principalmente nos rios São Francisco e Paraná. Nos rios Paraná e Tietê destaca-se a hidrovia Tietê-Paraná, que permite transporte de carga e de passageiros, por via fluvial, entre as Regiões Sul, Sudeste e Centro-Oeste.

Transporte aéreo

A Região Sudeste conta com os aeroportos de maior movimentação de passageiros no Brasil: Cumbica e Congonhas (SP), Galeão e Santos Dumont (RJ), Tancredo Neves e Pampulha (MG) e Vitória (ES).

Turismo

Destacam-se como pontos turísticos importantes na Região Sudeste:

- **cidades históricas**. Exemplos: Ouro Preto, Diamantina, São João del Rei, Sabará, Tiradentes e Mariana, em Minas Gerais; Itu, Taubaté, São Vicente, Santos, Itanhaém e Iguape, em São Paulo; Vila Velha, no Espírito Santo; Parati, no Rio de Janeiro;
- a cidade do **Rio de Janeiro**, por suas praias e pelo desfile das escolas de samba no Carnaval;
- as cidades serranas;
- as estâncias hidrominerais;
- o Santuário de Nossa Senhora Aparecida, na cidade de Aparecida (SP).

ATIVIDADES...

1. Onde há extração de madeira na Região Sudeste?

2. Qual é a principal atividade do extrativismo animal na Região Sudeste?

3. Qual é o principal produto mineral na Região Sudeste?

4. Qual é o produto mineral explorado principalmente nos estados do Rio de Janeiro e Espírito Santo?

5. Dê o nome de cinco produtos minerais, exceto o ferro e o petróleo.

6. Qual é o tipo de agricultura predominante na Região Sudeste?

7. Qual é o estado da Região Sudeste que se destaca na criação de bovinos e na produção de leite?

8. Em que consiste a sericicultura?

9. Que produto a Estrada de ferro Vitória-Minas transporta?

10. Escreva **V** se for verdadeiro e **F** se for falso.

- ☐ As florestas tropicais são um tipo de vegetação do Sudeste.
- ☐ A sericicultura consiste na criação de coelhos.
- ☐ A criação de aves chama-se avicultura.
- ☐ Pelo porto de São Sebastião (SP) é transportado o petróleo.
- ☐ O aeroporto Santos Dumont localiza-se em São Paulo.

11. Dê o nome de três rodovias importantes da Região Sudeste.

12. Cite três cidades históricas da Região Sudeste

- em Minas Gerais:
- em São Paulo:

REFORÇO 29

Região Sudeste: aspectos humanos

População

A população da Região Sudeste é formada de negros, mestiços (mulatos e caboclos), brancos e assinala-se a presença de grande parcela de imigrantes estrangeiros (italianos, portugueses, espanhóis, alemães, sírio-libaneses, japoneses, coreanos etc.) e seus descendentes.

A população concentra-se nas capitais e outras cidades do litoral e do interior.

Folclore

- **Lendas**: do Lobisomem, do Saci-Pererê, da Mula sem cabeça, da Iara, da Lagoa Santa, do Caboclo-d'água etc.
- **Festas populares**: Iemanjá, Cosme e Damião, Divino Espírito Santo, Corpus Christi, rodeios, romarias nas cidades de Aparecida e Pirapora em São Paulo, festas juninas e Carnaval.
- **Danças**: batuque, catira, congada, fandango, folia de reis, samba, caboclinhos etc.
- **Pratos típicos**: feijoada, tutu de feijão, feijão tropeiro, virado à paulista, torta capixaba, queijos e doces de Minas Gerais etc.
- **artesanato**: trabalhos em couro, em madeira, pedra-sabão, prata, cobre, cerâmica e outros.

Tipos humanos

- **garimpeiros**, trabalhadores da mineração;
- **colonos**, **caipiras** ou **caboclos**, que trabalham na agricultura;

- **boias-frias**, que moram nas cidades e trabalham na zona rural;
- **peões**, que cuidam do gado;
- **barranqueiros**, no Rio São Francisco;
- **operários**, trabalhadores urbanos das fábricas e da construção civil;
- e muitos outros, como feirantes, motoboys, metroviários, ferroviários etc.

ATIVIDADES...

1. Como é composta a população do Sudeste?

2. Faça a correspondência numerando:

1	danças		Lobisomem e Iara
2	festas populares		feijoada, torta capixaba
3	lendas		batuque, congada
4	pratos típicos		objetos feitos com pedra-sabão
5	artesanato		Iemanjá, Cosme e Damião

3. Descubra no diagrama o nome de tipos humanos da Região Sudeste.

B	O	I	A	–	F	R	I	A	B	C	Z
D	F	C	A	B	O	C	L	O	H	I	P
G	A	R	I	M	P	E	I	R	O	J	E
N	P	R	C	O	L	O	N	O	M	L	Ã
B	A	R	R	A	N	Q	U	E	I	R	O

4. Vamos recordar, resolvendo a cruzadinha.

a) Festa mais popular do Rio de Janeiro.

b) Cidade religiosa de São Paulo.

c) Tipo humano que se dedica à extração de pedras preciosas e semipreciosas.

d) Capital do Espírito Santo.

e) Artesanato feito com pedra...

f) Cidade histórica de Minas Gerais.

g) Imigrantes vindos do Japão.

h) Uma indústria importante da Região Sudeste.

i) Ilha da Região Sudeste afastada do litoral.

j) Nome de um prato típico.

k) Principal porto de exportação de São Paulo.

l) Mineral explorado principalmente nos estados do Rio de Janeiro e Espírito Santo.

m) Pico mais alto da Região Sudeste.

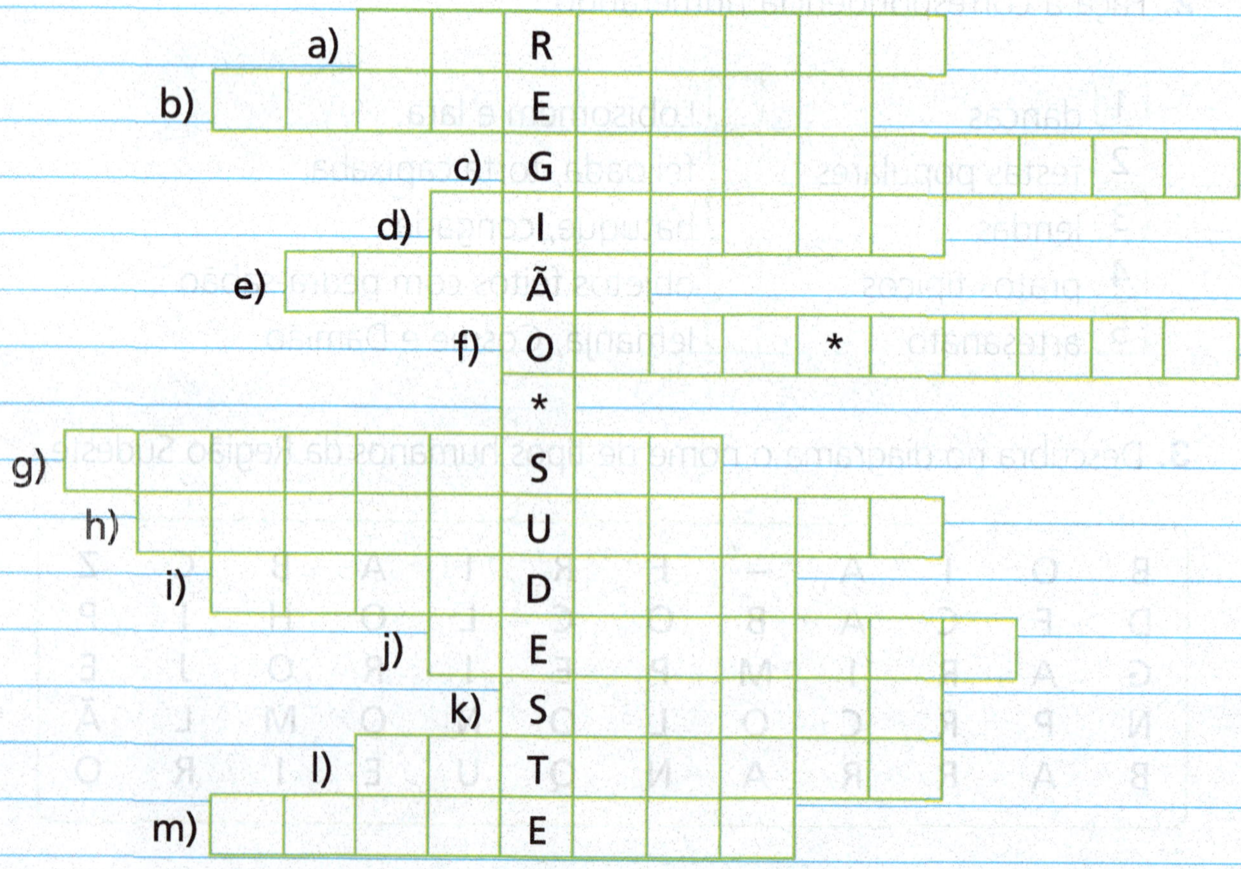

REFORÇO 30

Região Sul: aspectos físicos

MAURICIO SIMONETTI/PULSAR IMAGENS

Relevo

No relevo da Região Sul predominam os **planaltos** e **chapadas** da Bacia do Paraná.

No trecho leste da região estão localizados os planaltos e as serras do Atlântico-Leste-Sudeste, destacando-se a Serra do Mar.

Também se destacam as **depressões**:

- depressão periférica da Bacia do Paraná;
- depressão periférica sul-rio-grandense, caracterizada pelas coxilhas (suaves ondulações de relevo) que formam a região dos Pampas ou Campanha Gaúcha.

Dentre as planícies, são exemplos a planície da Lagoa dos Patos e da Lagoa Mirim, no Rio Grande do Sul.

Hidrografia

A Região Sul é banhada pelas bacias dos rios Paraná e Uruguai e dos rios do Atlântico Sul.

O Rio Paraná faz limites entre os estados do Paraná e Mato Grosso do Sul e entre o estado do Paraná e o Paraguai.

O Rio Uruguai faz limites entre o Rio Grande do Sul e a Argentina.

Os principais rios da Bacia do Atlântico Sul são: Itajaí, Tubarão, Jacuí, Sinos, Camaquã e Jaguarão.

O principal afluente do Rio Paraná é o Rio Paranapanema, que separa os estados do Paraná e São Paulo.

As Cataratas do Iguaçu estão situadas no Rio Paraná.

Usinas hidrelétricas

No Rio Paraná localiza-se a maior usina hidrelétrica do país e uma das maiores do mundo: **Itaipu** (veja a foto). Situada na fronteira entre o Brasil e o Paraguai, foi construída em conjunto e pertence aos dois países.

No Rio Jacuí, no Rio Grande do Sul, estão as hidrelétricas de **Jacuí** e **Passo Fundo**.

DELFIM MARTINS/PULSAR IMAGENS

Litoral

Destacam-se, no litoral da Região Sul:

- as **ilhas**: de São Francisco e de Santa Catarina (SC); do Mel (PR).
- as **baías**: de Paranaguá, de Guaratuba e das Laranjeiras (PR).
- as **lagoas**: dos Patos, Mirim e Mangueira (RS).
- o **lago**: Guaíba (antes considerado um rio).

A Lagoa dos Patos é a maior do Brasil.

Clima

A Região Sul é a mais fria do Brasil.

O clima predominante é o **subtropical**.

No inverno, chega a haver geadas e queda de neve nas áreas serranas de Santa Catarina e do Rio Grande do Sul.

No norte do Paraná, o clima é **tropical de altitude**.

Vegetação

- **Floresta de Araucárias** ou **Mata dos Pinhais**, principal tipo de vegetação dessa região.
- **Mata Atlântica**, já bastante devastada.
- **Campos limpos** ou **campinas**, na parte centro-sul do Rio Grande do Sul. Constituem excelentes pastagens naturais.
- **Vegetação litorânea**, onde se encontram os **mangues** e a vegetação de **restingas**.

ATIVIDADES...

1. Qual é a forma de relevo predominante na Região Sul?

2. O que são coxilhas? Onde elas aparecem?

3. Quais são as bacias hidrográficas que banham a Região Sul?

4. Cite os principais rios da Bacia do Atlântico Sul.

5. Quais são as usinas hidrelétricas que se destacam na Região Sul?

6. Sobre a Região Sul, dê o nome de:
   - duas ilhas:
   - duas baías:
   - duas lagoas:

7. O clima predominante na Região Sul é o ______.

8. O principal tipo de vegetação da Região Sul é a ______.

9. As pastagens dessa região são os ______ ou ______ no centro-sul do ______.

REFORÇO 31

Região Sul: aspectos econômicos

Extrativismo vegetal

Uma das mais importantes riquezas econômicas da Região Sul é a exploração de **madeiras** da Mata dos Pinhais.

A **erva-mate** também é extraída da Mata dos Pinhais. Ela é empregada na fabricação de chás e bebidas.

Extrativismo animal

A **pesca** é uma atividade econômica significativa na Região Sul. Santa Catarina produz especialmente **crustáceos** (camarão, caranguejo, lagosta etc.) e o Rio Grande do Sul, **moluscos** (ostras etc.).

Extrativismo mineral

O **carvão mineral** é a principal riqueza mineral da Região Sul, explorada nos três estados.

Outras riquezas minerais da Região Sul são: **cobre**, **chumbo** e **xisto betuminoso**.

Agricultura

A Região Sul é responsável por mais da metade da produção brasileira de trigo, soja, uva, milho, centeio, cevada, aveia e fumo, bem como algodão, trigo, café e sorgo (um tipo de milho).

Pecuária

O rebanho da Região Sul é um dos mais numerosos do Brasil. Os principais rebanhos são os de **bovinos**, **suínos** e **ovinos**.

A criação de **gado bovino de corte** é a principal atividade nos campos da região.

Há ainda as criações de:

- **suínos** no Paraná e Santa Catarina (carne e banha).
- **ovinos** no Rio Grande do Sul, o maior fornecedor de lã do país.

Avicultura, **apicultura** e **sericicultura** também se destacam nessa região.

Comércio

Os principais produtos vendidos pela Região Sul são carne, lã, madeira, celulose, carvão mineral, cereais, produtos têxteis e alimentos.

Indústria

As principais indústrias da Região Sul são: têxtil, metalúrgica, siderúrgica, frigorífica, mecânica, de alimentos, calçados, madeira, papel, fumo e vinho.

Também são importantes as refinarias de petróleo **Alberto Pasqualini**, em Canoas (RS), e **Presidente Vargas**, em Araucária (PR).

Transportes

Rodovias

As rodovias principais são:

- **BR-116**, que liga a Região Sul às cidades do Sudeste (Rio de Janeiro e São Paulo);
- **BR-101** ou Translitorânea, que percorre o litoral;
- **BR-376**, ou Rodovia do Café, entre Curitiba e o oeste paranaense.

Ferrovias

A Região Sul é servida por ferrovias antigas, ligadas aos portos. Elas transportam produtos como café, carvão, soja, madeiras e gado.

Em Santa Catarina, a **Estrada de Ferro D. Teresa Cristina**, conhecida como "Ferrovia do Carvão", liga a região de Criciúma, grande produtora de minério, ao porto de Imbituba.

Navegação marítima

A navegação marítima é intensa e serve principalmente à exportação. É feita nos portos de Paranaguá (PR), São Francisco e Imbituba (SC) e Rio Grande (RS).

Navegação fluvial

A navegação fluvial é feita principalmente nos rios Paraná, Itajaí, Jacuí, Ibijaú e Ibicuí.

Navegação lacustre

A navegação lacustre é feita nas lagoas do Rio Grande do Sul. São portos fluviolacustres: Porto Alegre, Pelotas e Jaguarão.

Transporte aéreo

Os principais aeroportos localizam-se em Porto Alegre (RS), Curitiba (PR) e Florianópolis (SC).

Turismo

As principais atrações turísticas da Grande Região Sul são:

- a Estrada de Ferro Graciosa, que liga Paranaguá a Curitiba, no Paraná;
- as Cataratas do Iguaçu;
- as formações rochosas do Parque da Vila Velha (PR);
- a Ilha do Mel, no Paraná;

- as cidades da Serra Gaúcha;
- as praias, as estâncias hidrominerais, os parques nacionais, as cidades históricas;
- as ruínas das antigas missões jesuítas (veja a foto).

MAURICIO SIMONETTI/PULSAR IMAGENS

ATIVIDADES...

1. Uma das mais importantes riquezas econômicas da Região Sul é a ______.

2. São importantes refinarias de petróleo da Região Sul: ______ e ______.

3. Indique os principais produtos que a Região Sul fornece por meio de:

a) extrativismo vegetal:

b) extrativismo animal:

c) extrativismo mineral:

4. Quais são os principais produtos agrícolas da Região Sul?

5. Indique os rebanhos mais importantes do Sul.

6. Cite os tipos de indústria mais importantes da região.

7. Quais são os principais rebanhos da Região Sul?

8. Qual é a principal criação dos campos da Região Sul?

9. Cite três importantes rodovias da Região Sul.

10. Qual é a ferrovia conhecida como Ferrovia do Carvão?

11. Cite três rios onde é feita a navegação fluvial na Região Sul.

12. Responda preenchendo o que se pede.

a) Porto marítimo do estado do Paraná: ______________________.

b) Porto fluviolacustre: ______________________.

c) Nome das cataratas que atraem turistas na Região Sul: ____________.

REFORÇO 32

Região Sul: aspectos humanos

População

A maior parte da população da Região Sul é formada de brancos descendentes de europeus.

Os negros, os indígenas e os mestiços constituem uma pequena parte da população.

As capitais e o litoral são as áreas mais povoadas.

Folclore

- **Lendas**: do Negrinho do Pastoreio, do Mate, do Boitatá, do Boiguaçu, do Saci-Pererê e do Curupira etc.
- **Festas tradicionais**: Festa de Nossa Senhora dos Navegantes, em Porto Alegre (RS); Festa da Uva, em Caxias do Sul (RS) (veja a foto); Festa da Cereja, em Santa Catarina; rodeios e outras festas típicas.

DELFIM MARTINS/PULSAR IMAGENS

- **Pratos típicos**: o churrasco, o arroz de carreteiro, a feijoada, o fervido, a bijajica (bolinho feito de polvilho), marreco, galeto, barreado.
- **Bebida típica**: o chimarrão, feito com erva-mate, tomado em cuia, com bomba.

Tipos humanos

- **gaúchos**: trabalham nas fazendas de criação de gado;
- **colonos**: trabalham na agricultura;
- **ervateiros**: colhem erva-mate;
- **madeireiros**: trabalham na extração de madeira na Mata dos Pinhais;
- **pescadores**: habitam o litoral e se dedicam à pesca.

ATIVIDADES...

1. Como se compõe a população da Região Sul?

2. Faça a correspondência, ligando com um traço.

gaúcho	colhedor de erva-mate
ervateiro	trabalha nas fazendas de criação de gado
madeireiro	dedica-se à pesca
pescador	extrai madeira na Mata dos Pinhais

3. Em relação à Região Sul, dê o nome de três:

a) festas tradicionais:

b) lendas:

c) pratos típicos:

4. Vamos recordar, resolvendo a cruzadinha.

a) Cidade que é grande produtora de carvão da Região Sul.
b) Nome de uma exploração vegetal da Mata dos Pinhais.
c) Nome das cataratas do Rio Paraná, importante atração turística.
d) Usina localizada no Rio Paraná.
e) Principal tipo de vegetação da Região Sul.
f) Um dos principais rebanhos do Rio Grande do Sul.
g) Um dos pratos típicos da Região Sul.
h) Indústria importante de Santa Catarina e do Rio Grande do Sul.
i) O Rio Grande do Sul é o maior produtor de ______.

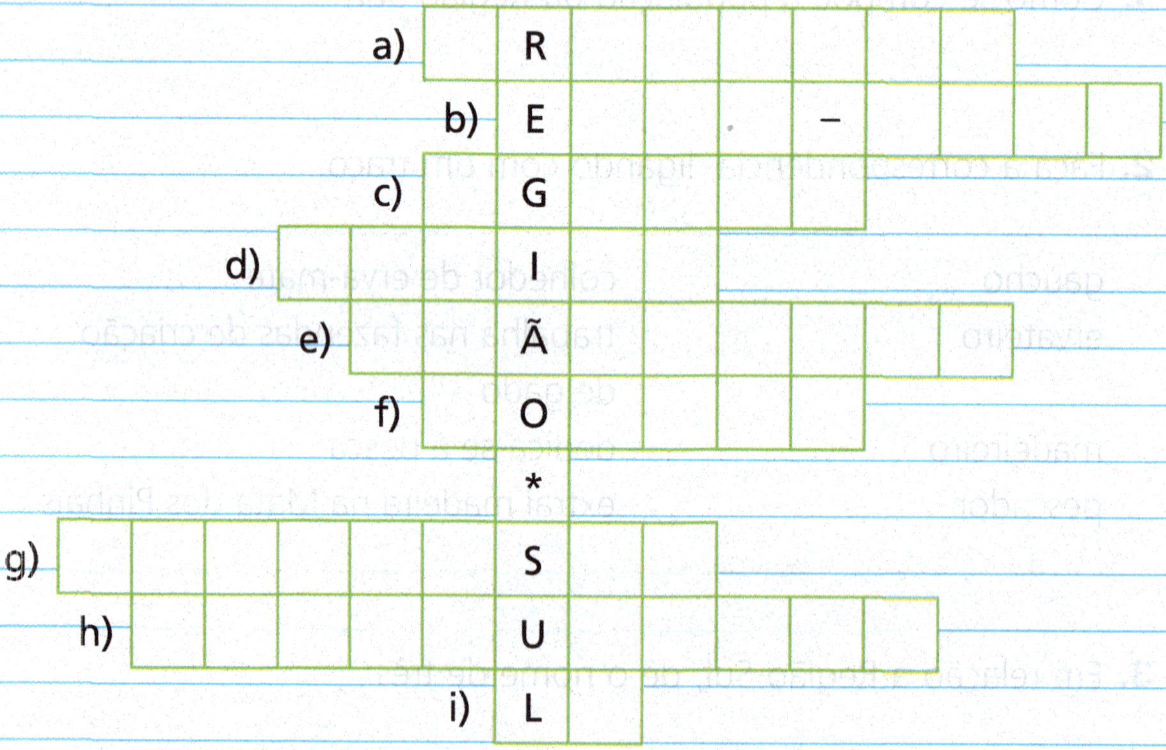

5. Em grupo, escolha um dos temas relacionados com a Região Sul (rios, relevo, clima, vegetação, indústria, comércio, folclore, turismo etc.) e faça um painel, usando recortes, desenhos ou fotos, tudo com legenda.

Ciências

Sumário

Nosso mundo

A Terra

A Terra faz parte do **Sistema Solar**.

O Sistema Solar é composto por oito planetas e seus satélites.

Planetas, estrelas e satélites são **astros**.

- **Planetas** são astros que não têm luz própria.
- **Estrelas** são astros que têm luz própria.
- **Satélites** são astros que não têm luz própria e que giram em torno de planetas.

Representação do Sistema Solar: o Sol e seus oito planetas.

O caminho que um astro percorre em volta de outro é sua **órbita**.

A **Lua** é um satélite da Terra.

Ela descreve uma órbita ao redor do nosso planeta.

O **Sol** é uma estrela. Além de iluminar a Terra, a luz emitida pelo Sol aquece nosso planeta. A vida na Terra depende da luz do Sol.

As plantas e os animais precisam da luz solar para sobreviver.

Movimentos da Terra

A Terra gira ao redor de si mesma em torno de um eixo imaginário.

Esse movimento chama-se movimento de **rotação** e demora cerca de 24 horas para se completar. Enquanto a Terra gira, vão acontecendo o dia e a noite nas diferentes regiões. Por exemplo, quando é dia no Brasil, do outro lado do mundo, no Japão, é noite.

Portanto, o movimento de rotação produz o dia e a noite.

PHOTOS.COM

JUPITER IMAGES

Ao mesmo tempo em que gira ao redor de si mesma, a Terra se move ao redor do Sol, fazendo o movimento de **translação**. A Terra leva 365 dias e 6 horas – um ano – para completar uma volta em torno do Sol.

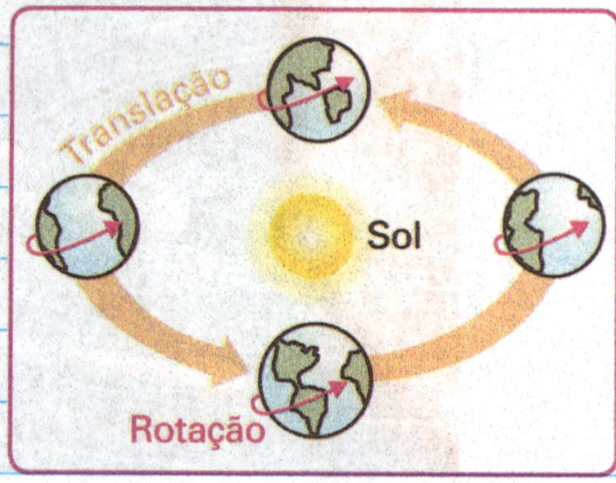

O movimento de translação e a inclinação do eixo da Terra determinam as estações do ano.

A Terra tem uma forma arredondada, ligeiramente achatada nos polos.

Polos são as extremidades do eixo imaginário em torno do qual a Terra gira de oeste para leste. Há o **Polo Norte** e o **Polo Sul**, onde o clima é sempre frio, com gelo e neve.

ATIVIDADES...

1. Quais são os planetas do Sistema Solar?

2. Que tipo de astro é o Sol?

3. Que tipo de astro é a Lua?

4. Como se chama o movimento da Terra ao redor de si mesma e quanto tempo demora?

5. Como se chama o movimento da Terra ao redor do Sol? Quanto tempo demora?

6. Que movimento dá origem:
   a) Aos dias e às noites? .
   b) Ao ano? .

7. Em torno do que a Terra gira de oeste para leste?

8. Como se chamam as extremidades do eixo imaginário da Terra?

9. Como é o clima no Polo Norte? E no Polo Sul?

Representação da Terra

A Terra pode ser representada pelo globo terrestre.

PHOTO OBJECTS

No globo terrestre estão traçados círculos horizontais imaginários: os **paralelos**.

O maior dos paralelos é a **Linha do Equador**. Ele circunda a Terra em sua parte mais larga e divide o planeta em dois hemisférios: **Hemisfério Norte** e **Hemisfério Sul**.

Quatro paralelos recebem denominações especiais:

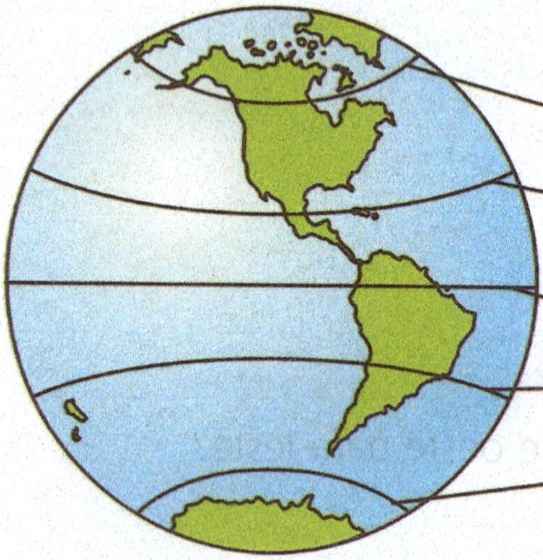

- **Trópico de Câncer** (ao Norte) e **Trópico de Capricórnio** (ao Sul).
- **Círculo Polar Ártico** (ao Norte) e **Círculo Polar Antártico** (ao Sul).

Meridianos

Na esfera terrestre também estão traçados círculos verticais que passam pelos dois polos. São os meridianos.

O meridiano inicial é o **Meridiano de Greenwich**, que passa por Londres, na Inglaterra.

O Meridiano de Greenwich separa a Terra em dois hemisférios: **Leste** ou **Oriental** e **Oeste** ou **Ocidental**.

Zonas térmicas

A Terra está dividida em **zonas térmicas**, conforme a inclinação dos raios solares que cada uma recebe. Essas zonas são delimitadas pelos trópicos e pelos círculos polares.

As zonas térmicas terrestres são cinco:

- **Zona tropical**, compreendida entre os trópicos de Câncer e de Capricórnio. É a de clima mais quente da Terra.
- **Zonas temperadas** (a do Norte e a do Sul), entre os trópicos e os círculos polares. Têm clima ameno.
- **Zonas glaciais** (Ártica e Antártica), compreendidas dentro de cada um dos círculos polares. São as zonas terrestres mais frias.

ATIVIDADES...

1. O que são os círculos horizontais traçados no globo terrestre?

   a) nome: .

   b) o maior deles: .

2. Quais são os nomes dos círculos horizontais?

3. Em que hemisférios a Linha do Equador divide a Terra?

4. Quais são os paralelos que recebem denominações especiais?

5. O que são meridianos?

6. Qual é o meridiano inicial e por onde passa?

7. Em que hemisférios o Meridiano de Greenwich divide a Terra?

8. O que delimitam as zonas térmicas da Terra?

9. Onde se localiza a zona tropical?

10. Quais são as zonas térmicas mais frias da Terra e onde se localizam?

11. Onde se localizam as zonas térmicas temperadas?

12. Coloque **V** se for verdadeiro e **F** se for falso.

- [ ] A Linha do Equador divide a Terra em dois hemisférios: Oriental e Ocidental.
- [ ] O Meridiano de Greenwich divide a Terra em dois hemisférios: Ocidental e Oriental.
- [ ] A zona tropical fica dentro dos círculos polares.
- [ ] As zonas glaciais são a Ártica e a Antártica.
- [ ] A zona compreendida entre os trópicos é a tropical.

13. Escreva o nome das zonas térmicas.

1 –
2 –
3 –
4 –
5 –

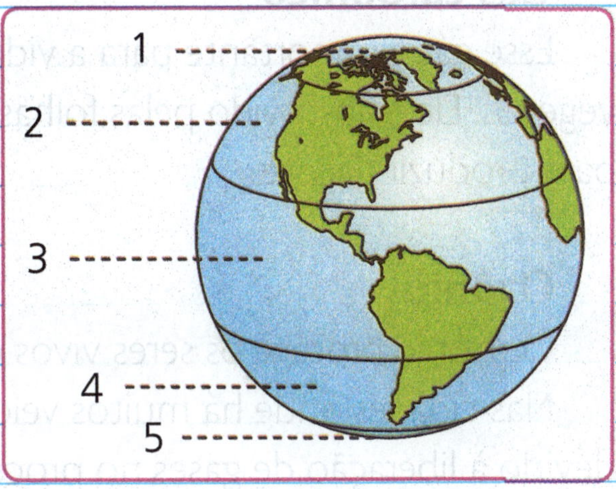

REFORÇO 2

O ar e a combustão

Do que é feito o ar

Envolvendo a Terra, há uma camada de ar chamada **atmosfera**.

O ar é formado por **gases**. Ele está ao nosso redor e ocupa todos os espaços vazios.

Nitrogênio

É o gás em maior quantidade. Ele é absorvido por bactérias do solo, que formam sais de nitrogênio. O nitrogênio é essencial para a formação das proteínas nos seres vivos. Os sais de nitrogênio são absorvidos pelas raízes das plantas, que os transformam em proteínas. Ao ingerir os vegetais, os animais absorvem esses sais de nitrogênio na forma de proteínas.

Oxigênio

Esse gás é absorvido pela maioria dos seres vivos e usado no organismo para obter energia. Há animais que absorvem oxigênio do ar pelos pulmões. Outros, como os peixes, absorvem oxigênio dissolvido na água pelas brânquias.

Gás carbônico

ABLESTOCK

Esse gás é importante para a vida dos vegetais. Ele é absorvido pelas folhas e usado para produzir glicose.

Ozônio

O ozônio protege os seres vivos das radiações ultravioletas do Sol.

Nas cidades onde há muitos veículos e indústrias, o ar é poluído devido à liberação de gases no processo de combustão.

Combustão

Combustão é uma reação química entre uma substância e o oxigênio do ar, com a produção de luz e calor.

Para que haja combustão, são necessárias três coisas: combustível, comburente e energia inicial.

- **Combustível** é a substância que queima: gasolina, álcool, carvão, celulose da madeira etc.
- **Comburente** é o oxigênio do ar.
- **Energia inicial** é o calor necessário para dar início à combustão. O fósforo, por exemplo.

EXPERIÊNCIA

Material: uma vela curta e um copo.

- Acenda a vela.
- Coloque o copo sobre ela lentamente, como mostra a figura, e observe o que acontece.

Agora, complete as frases.

Enquanto entra ar no copo, a vela continua ______________, porque o ______________ do ar alimenta a chama. Quando não entra ar no copo, a vela ______________, porque acaba o oxigênio que alimentava a chama.

Combustíveis mais comuns

Os combustíveis que usamos são sólidos, líquidos ou gasosos.

Exemplos de combustíveis **sólidos**:

papel

carvão

madeira

Exemplos de combustíveis **líquidos**:

gasolina

querosene

álcool

Exemplos de combustíveis **gasosos**:

gás de cozinha

gás automotivo

Combustíveis fósseis

Combustíveis fósseis são os formados pela decomposição de restos de animais e plantas que viveram há muito tempo.

O **petróleo** e o **carvão mineral** são combustíveis fósseis que armazenam muita energia.

O petróleo é um líquido escuro e grosso. Para ser aproveitado, ele precisa passar por uma série de modificações feitas pela refinação. Os produtos obtidos na refinação do petróleo são: gasolina, querosene, gás liquefeito, asfalto etc.

O carvão mineral é um combustível usado pelas indústrias siderúrgicas na produção do aço.

Cuidados com os combustíveis

Para evitar acidentes com os combustíveis, alguns cuidados são necessários.

- Observar e obedecer aos avisos de perigo presentes nos postos de gasolina e outros combustíveis.
- Não deixar perto do fogo materiais inflamáveis, como gasolina, álcool etc.
- Não brincar com fogos e ficar longe das fogueiras.
- Nunca brincar com frascos de álcool.

DIVULGAÇÃO

DIVULGAÇÃO

ATIVIDADES...

ABLESTOCK

1. O que há envolvendo a Terra?

2. Onde está o ar?

3. De que é formado o ar?

4. Quais são esses gases?

PHOTOS.COM

5. Qual é a utilidade do ozônio?

6. O que é combustão?

7. Complete as frases.

   a) O gás carbônico é muito importante para a vida dos ________.
   b) O nitrogênio é essencial para a produção das ________ dos seres vivos.
   c) Da combustão resultam ________ e ________.
   d) Nas cidades onde há muitas indústrias e veículos o ar é ________.
   e) Energia inicial é o ________ necessário para dar início à combustão.
   f) Comburente é a substância ou material que alimenta o ________.
   g) A madeira é um ________ sólido.

8. O que são combustíveis fósseis?

9. Quais são os combustíveis fósseis?

10. Quais são os produtos derivados do petróleo?

11. Assinale o que você costuma fazer para evitar acidentes com fogo.

- [ ] Não brinca com fósforos.
- [ ] Não brinca com frascos de álcool.
- [ ] Avisa as pessoas que não obedecem aos avisos de não fumar em postos de combustíveis.
- [ ] Não pega panelas que estão no fogo.
- [ ] Não solta fogos de artifício.
- [ ] Não deixa perto do fogo materiais inflamáveis.

12. Escreva um exemplo para cada caso.

- Combustível sólido:
- Combustível líquido:
- Combustível gasoso:

REFORÇO 3

A água

Características da água

A **água** é a substância mais abundante na superfície do nosso planeta e também a mais necessária. Encontramos água:

- nos oceanos, na forma de água salgada, cobrindo três quartos da superfície terrestre;
- nos rios e lagos, na forma de água doce;
- na atmosfera, na forma de vapor;
- no subsolo, dando origem às nascentes de água;
- no topo das montanhas altas, como neve ou gelo;
- na maior parte da matéria que forma os seres vivos.

JUPITER IMAGES/PHOTOS.COM

Como todos os líquidos, a água não tem forma própria. Ela toma a forma do recipiente que a contém e sua superfície é sempre plana.

PHOTOS.COM

Características da água **pura**:

- ela é incolor (sem cor);
- ela é inodora (sem cheiro);
- ela é insípida (sem gosto).

Grandes massas de água apresentam tom azulado.

Características da água **potável**, boa para consumo:

- limpa (livre de impurezas);
- não tem sabor;
- tem sais minerais;
- não tem cheiro;
- não contém micróbios prejudiciais à saúde ou ovos de parasitas.

A água **poluída** ou **contaminada** não pode ser consumida porque:

- contém substâncias químicas nocivas;
- transmite doenças.

O nosso corpo contém água, que eliminamos com a urina, o suor e as lágrimas. Por isso, precisamos beber água várias vezes ao dia.

Quando uma pessoa perde muita água, ela fica desidratada e precisa ser tratada rapidamente.

LIQUID LIBRARY

Se analisarmos a menor parte de uma porção de água veremos que ela é feita de hidrogênio e oxigênio, na proporção de duas partes de hidrogênio e uma de oxigênio, por isso representamos a água pela fórmula H_2O.

ATIVIDADES...

1. Faça a correspondência, formando frases que indicam onde a água pode ser encontrada.

A	Nos mares,	( )	em forma de neve ou gelo.
B	Na atmosfera,	( )	matéria que forma os seres vivos.
C	No subsolo,	( )	em 3/4 da superfície da Terra.
D	Nas montanhas,	( )	em forma de vapor.
E	Na maior parte da	( )	dando origem às nascentes.

2. Do que é feita a água?

3. Qual é a fórmula da água e o que significa?

4. Complete a frase.

A água toma a forma do recipiente que a contém e tem superfície ______.

5. Como deve ser a água própria para o consumo humano?

6. Em que condições a água pode se apresentar?

7. Faça um painel sobre a água. Use fotos, desenhos e recortes de jornais e revistas.

8. Preencha os quadrinhos com as palavras que completam as frases.

a) A água não tem cor, ela é

☐☐☐☐☐☐☐.

b) Ela não tem gosto, portanto é

☐☐☐☐☐☐☐☐.

c) Não tem cheiro, ela é

☐☐☐☐☐☐☐.

9. Assinale as alternativas corretas.

☐ A água não tem forma própria.
☐ A água potável tem gosto.
☐ A água poluída contém substâncias químicas.
☐ A água que consumimos deve ser limpa e não conter micróbios.
☐ A água poluída é própria para o consumo.

10. Como usamos a água para a higiene do corpo?

11. Para que podemos usar a água em nossa casa?

12. O que a água poluída pode conter?

Erosão

As águas modificam a superfície do nosso planeta. Elas são **agentes de erosão**.

A **erosão** é o desgaste do solo pelas águas e pelo vento.

A erosão causada pela água da chuva chama-se **pluvial**.

A erosão causada pelos rios chama-se **fluvial**.

- As águas das chuvas, dos rios e dos mares desgastam as rochas e carregam para longe as partículas arrancadas das rochas. Esses sedimentos se depositam em outro lugar.
- As ondas do mar derrubam costões, formam ou engolem praias, fecham baías, criam lagoas.
- As enxurradas abrem grandes buracos no solo e causam seu empobrecimento. Isso pode ser evitado com reflorestamento, pois a vegetação protege o solo contra a erosão.

DELFIM MARTINS/PULSAR IMAGENS

Erosão e desmoronamento, Rodovia Rio-Santos, Mangaratiba, Rio de Janeiro.

ATIVIDADES...

1. Por que as águas são chamadas de agentes de erosão?

2. Como as águas das chuvas, dos rios e dos mares atuam sobre as rochas?

3. O que é erosão?

4. Explique o que é erosão:

   a) pluvial
   b) fluvial

5. Complete as afirmações.

   a) A erosão pluvial causa grandes prejuízos à ______________.
   b) ______________ são as partículas arrancadas das rochas e levadas para longe.

6. Se você já viu a erosão provocada pelas chuvas fortes em sua cidade, escreva suas observações abaixo.

Tratamento da água

Para a água ser considerada própria para consumo, é necessário tratá-la, isto é, purificá-la. A purificação da água é feita nas estações de tratamento e envolve sua **filtração** e **cloração**.

A filtração ocorre em várias etapas. Na primeira delas é adicionado sulfato de alumínio e cal no tanque para que a sujeira se deposite no fundo do reservatório. Depois a água segue para outro tanque com cascalho, areia grossa e areia fina, que retém suas impurezas.

No último tanque é adicionado cloro e flúor na água. O cloro mata os microrganismos e o flúor fortalece os dentes e ajuda a prevenir cáries.

Depois, a água segue para um reservatório elevado, de onde é distribuída à população por tubulações especiais.

Esquema das etapas de purificação e limpeza da água em uma estação de tratamento

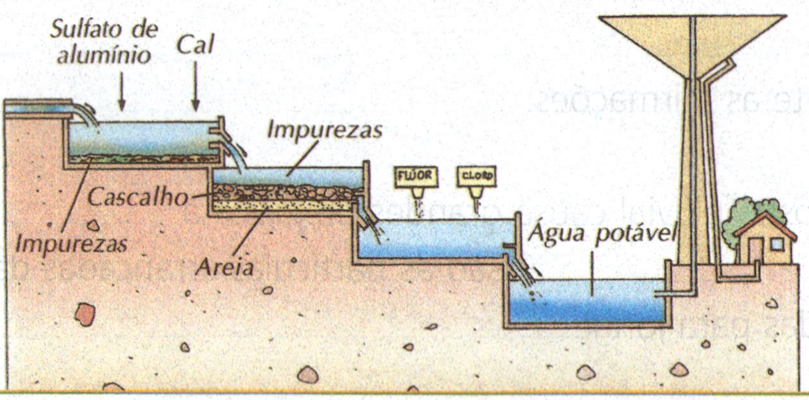

Saiba que

Nos locais onde não há estação de tratamento de água ou se utiliza água de poço, é preciso fazer o tratamento caseiro com a fervura, cloração e filtração. A fervura e a cloração matam as bactérias e outros microrganismos prejudiciais à saúde. Filtrar remove as impurezas.

ATIVIDADES...

1. Como é feita normalmente a purificação da água?

2. Em que consiste a filtração?

3. Para que serve o cloro e o flúor adicionados à água nas estações de tratamento?

4. Onde se dá o trabalho de filtração e de cloração da água?

5. Qual é o outro produto adicionado à água além do cloro no final do tratamento (observe a ilustração)?

6. Se onde você mora tem uma estação de tratamento de água, vá até lá com seus colegas e um adulto. Observe com atenção os processos de purificação de água e depois descreva o que aprendeu.

REFORÇO

4 Magnetismo

O que é magnetismo

Magnetismo é a propriedade que alguns corpos têm de atrair o ferro, o níquel e outros metais ferrosos. Os corpos que possuem essa propriedade são chamados **ímãs**.

Os ímãs **naturais** são um tipo de minério de ferro, chamado magnetita.

Os ímãs **artificiais** são os fabricados nas indústrias.

Os ímãs artificiais podem ter várias formas. Eles recebem o nome de acordo com o formato.

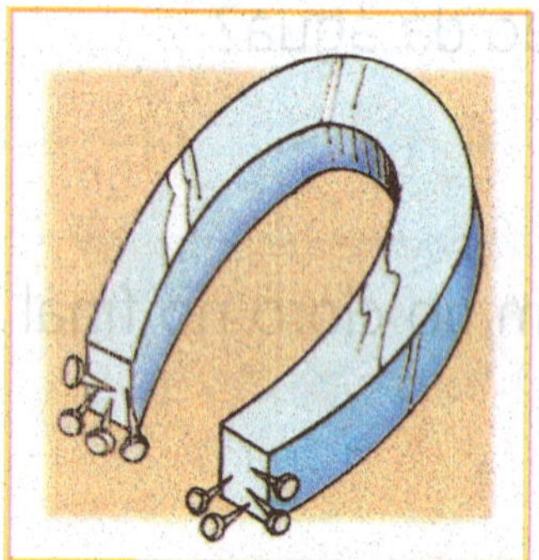

ímã em ferradura

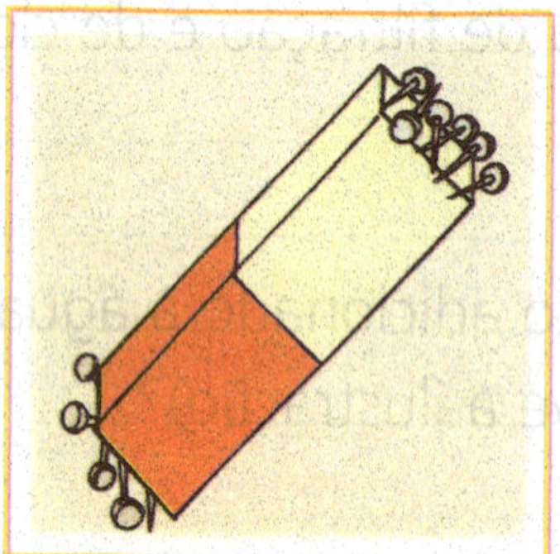

ímã em barra

ímã em U

Polos do ímã

A força de atração de um ímã se acumula mais nas extremidades, as quais recebem o nome de **polos**. Um é o polo norte e o outro, o polo sul.

O magnetismo liga um polo ao outro por meio de **linhas magnéticas**.

Quando os polos opostos de dois ímãs se aproximam, eles se atraem. Observe como as limalhas de ferro se alinham entre os polos dos ímãs.

PHOTOS.COM

PHOTOS.COM

Quando os polos iguais de dois ímãs se aproximam, eles se repelem. Observe como as limalhas de ferro se afastam dos polos.

Atenção

Mesmo que um ímã seja quebrado em dois pedaços, cada novo pedaço funciona como um ímã completo, ou seja, com os polos norte e sul.

EXPERIÊNCIA

1ª experiência

Material: um ímã em barra e um punhado de tachinhas.

- Aproxime o ímã das tachinhas.

Observe que o meio do ímã quase não atraiu tachinhas; elas se agruparam nas extremidades do ímã.

Agora, complete a frase.

Isso prova que a força de atração se acumula nas ______ dos ímãs.

2ª experiência

Material: ímã, alfinete, grampo de cabelo, pedaço de madeira, folha de papel, objeto plástico, pedaço de tecido (pano).

- Aproxime o ímã dos objetos listados, um de cada vez.
- Veja o resultado e complete.

Objeto a ser testado	Resultado
alfinete	
grampo de cabelo	
madeira	
papel	
plástico	
tecido	

3ª experiência

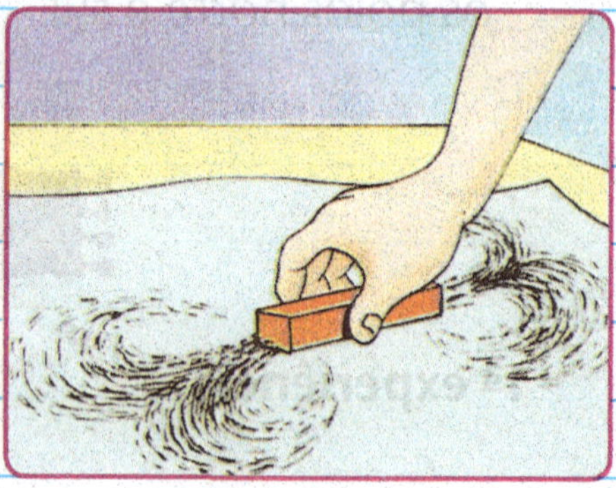

Material: ímã de barra, palha de aço e folha de papel branco.

- Coloque o ímã sobre o papel branco.
- Esfarele a palha de aço.
- Espalhe os pedaços de palha de aço sobre o ímã.

Complete a frase.

Os pedacinhos da palha de aço acumularam-se nas ______________ do ímã e formaram linha magnéticas.

ATIVIDADES...

1. O que é magnetismo?

2. Como se chamam os corpos que têm essa propriedade?

3. Como podem ser os ímãs?

4. O que são ímãs naturais?

5. O que são ímãs artificiais?

6. A força de atração se distribui igualmente pelo ímã?

7. Como se chamam as extremidades de um ímã?

8. Complete as frases.
   a) Quando os polos iguais de dois ímãs se aproximam, eles se ______.
   b) Quando os polos opostos de dois ímãs se aproximam, eles se ______.
   c) Em uma extremidade do ímã fica o polo ______ e na outra fica o polo ______.
   d) O magnetismo liga um polo ao outro pelas ______.

Magnetismo terrestre

A Terra se comporta como um grande ímã natural. Ela exerce atração constante sobre os ímãs, fazendo com que apontem um dos polos para o norte e o outro para o sul.

Essa força que orienta os ímãs é a **força magnética** da Terra.

Bússola

O funcionamento da bússola baseia-se no magnetismo terrestre.

A bússola tem uma agulha imantada apontando sempre para o Norte.

É a força magnética da Terra que atrai a agulha, fazendo-a sempre indicar a mesma direção.

A agulha gira sobre um eixo e, no fundo da caixa, estão inscritos:

- os pontos cardeais: Norte (N), Sul (S), Leste (L) e Oeste (O);
- os pontos colaterais:

  Nordeste (NE), entre o Norte e o Leste.
  Noroeste (NO), entre o Norte e o Oeste.
  Sudeste (SE), entre o Sul e o Leste.
  Sudoeste (SO), entre o Sul e o Oeste.

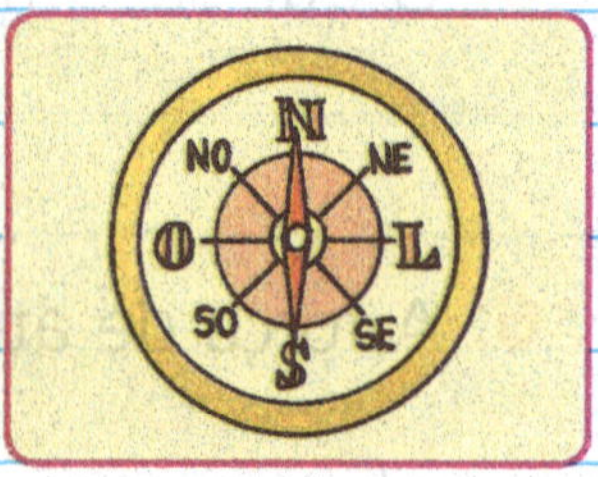

Como a agulha magnética aponta sempre para a mesma direção, isso ajuda o viajante, o piloto do avião ou do barco a se orientar.

Saiba que

Fenômenos magnéticos são conhecidos há muitos séculos por vários povos, como gregos, árabes, chineses, entre outros.

Segundo uma lenda, um pastor grego notou que os pregos de suas sandálias e a ponta de ferro de seu cajado eram puxados por uma rocha negra. E a rocha foi então chamada de magnetita, por causa do nome do pastor, que era Magnes.

ATIVIDADES...

1. O que é a força magnética da Terra?

2. Em que o funcionamento da bússola se baseia?

3. Complete as frases.

   a) A bússola tem uma agulha imantada apontando sempre para o ________________.

   b) É a força magnética da Terra que ________________ a agulha, fazendo-a sempre indicar a mesma direção.

   c) Os pontos cardeais são: ________________.

4. Faça a correspondência.

Nordeste	entre o Sul e o Leste
Sudeste	entre o Norte e o Leste
Noroeste	entre o Sul e o Oeste
Sudoeste	entre o Norte e o Oeste

5. Para quais pessoas a bússola é útil?

6. Qual é a origem do nome da rocha chamada magnetita?

REFORÇO

5 Eletricidade

O que é eletricidade

Observe que em sua casa há vários aparelhos que utilizam a energia elétrica. Uns produzem calor; outros, luz, movimento, som etc.

Para que esses objetos funcionem, é necessário o uso da **eletricidade**.

lâmpada

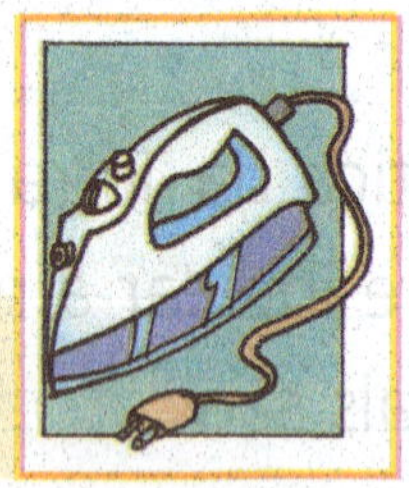

ferro de passar roupa

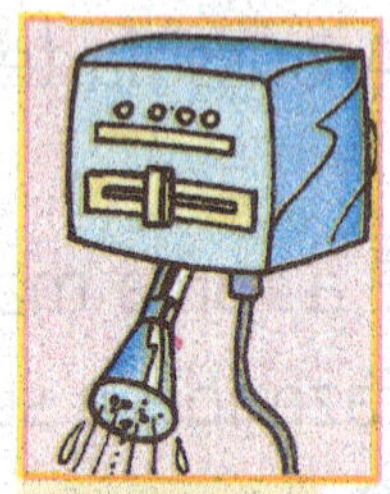

chuveiro

liquidificador

televisão

ventilador

A eletricidade é uma forma de energia muito importante.

Apesar de a eletricidade ser invisível, pode-se percebê-la pela luz, pelo calor e pela força que produz, pelos choques, pelo funcionamento dos aparelhos eletrodomésticos etc.

A eletricidade chega até nossas casas por meio de fios de metal, na forma de **corrente elétrica**.

Nesses fios há o movimento de partículas pequeníssimas chamadas **elétrons**.

Para os aparelhos funcionarem, a corrente elétrica deve percorrer um caminho fechado, sem interrupções dentro dos fios. Esse caminho chama-se **circuito elétrico**. Ao desligarmos um aparelho, estamos interrompendo a passagem elétrica pelo circuito.

Bons e maus condutores de eletricidade

O corpo das pessoas e dos outros animais, o solo, a água, bem como o ar úmido e quase todos os metais são bons condutores de eletricidade.

A madeira, o vidro, o isopor, o couro, as resinas, o ar seco, o amianto, o plástico e os tecidos são maus condutores de eletricidade. São considerados materiais **isolantes**.

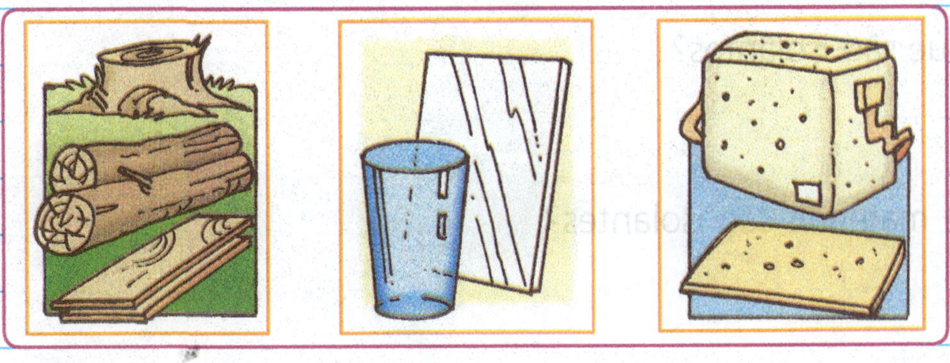

ATIVIDADES...

1. Que aparelhos elétricos você tem em casa?

2. Para que esses objetos funcionem, o que é necessário?

3. Como podemos perceber a ação da eletricidade?

4. Como a eletricidade chega em nossas casas?

5. O que há nos fios de eletricidade?

6. Em que consiste o circuito elétrico?

7. O corpo humano e dos outros animais, o solo, a água são bons condutores de eletricidade?

8. O que são isolantes?

9. Que materiais são isolantes?

Eletricidade estática

Alguns materiais ficam carregados de eletricidade quando são atritados. Ou seja, ficam **eletrizados**.

É comum ouvirmos estalos (ruídos) ao tirar uma roupa de náilon ou de lã. Esse ruído é produzido pela eletricidade **estática**, que fica acumulada nos materiais.

A eletricidade estática dura apenas alguns instantes e é de baixa intensidade (fraca).

Vamos fazer alguns experimentos para comprovar a eletrização.

EXPERIÊNCIA

1ª experiência

Material: pente, pedacinhos de papel.

- Penteie os cabelos e aproxime o pente dos pedacinhos de papel.
- Observe o que acontece com os pedacinhos de papel.

Agora complete as frases.

O pente ______________________ os pedacinhos de papel.

Isso aconteceu porque o pente ficou ______________________.

2ª experiência

Material: um prato de alumínio, papel de seda, um vidro plano, um pedaço de lã ou flanela.

- Corte pedacinhos de papel de seda e coloque-os no prato de alumínio.
- Cubra o prato com o vidro.
- Esfregue o vidro com a lã ou flanela.
- Observe o que acontece.

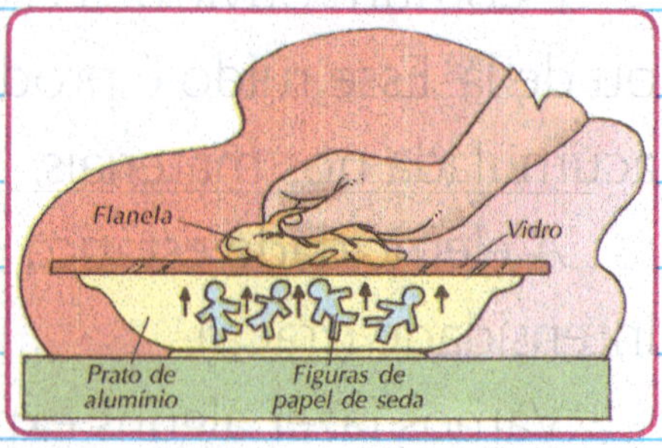

Agora, complete as frases.

Os pedacinhos de papel foram ______________________ pelo vidro.

Isso aconteceu porque o papel ficou ______________________.

3ª experiência

Material: pente de plástico, flanela, filete de água de uma torneira.

- Passe o pente no cabelo ou esfregue-o com a flanela.
- Aproxime o pente do filete de água da torneira.
- Observe que o fio de água se curva na direção do pente.

Agora, complete a frase.

O filete de água inclinou porque o pente estava ______________________.

- Benjamin Franklin inventou o para-raios.
- Alessandro Volta inventou a pilha elétrica.
- Thomas Alva Edison inventou a lâmpada elétrica.
- Guglielmo Marconi inventou o telégrafo sem fios.
- Alexander Graham Bell inventou o telefone.
- Tales de Mileto foi um matemático grego que criou o termo eletricidade.

ATIVIDADES...

1. Complete as frases.

   a) Quando são atritados, alguns materiais como vidro, plástico, resina etc. tornam-se ______________.

   b) Ao tirar uma roupa de náilon ou de lã, é comum ouvirmos alguns estalidos. Esse ruído é produzido pela eletricidade ______________.

2. Assinale as características da eletricidade estática.

   - [ ] Dura pouco tempo.
   - [ ] Tem grande intensidade.
   - [ ] Desaparece pouco tempo depois do atrito.
   - [ ] Não tem nada a ver com o atrito.
   - [ ] Atrai pedacinhos de papel.

3. Associe as duas colunas.

A Benjamin Franklin	( ) lâmpada
B Alessandro Volta	( ) pilha elétrica
C Thomas Edison	( ) telégrafo sem fios
D Guglielmo Marconi	( ) telefone
E Alexander Graham Bell	( ) para-raios

4. Se você tivesse de economizar energia elétrica, que aparelhos não usaria?

Produção da eletricidade e cuidados com seu uso

A eletricidade é uma das formas de energia mais usadas na atualidade. É difícil até de imaginar como seria o mundo sem ela.

A energia elétrica é produzida em usinas geradoras. Essas usinas podem ser hidrelétricas, termelétricas ou nucleares.

Hidrelétricas

Usam uma queda de água de uma represa construída para armazenar a água.

A água desce em grande velocidade por tubos e faz girar as turbinas que produzem a energia. A maioria das usinas brasileiras é hidrelétrica.

Termelétricas

Utilizam vapor de água (energia térmica) para movimentar as turbinas. Em geral, queimam óleo diesel para aquecer as caldeiras com água.

Nucleares

Usam energia atômica para aquecer água e movimentar as turbinas.

A energia produzida segue para as cidades e indústrias através de linhas de alta-tensão.

Saiba que

Para a construção de usinas hidrelétricas é preciso formar uma represa ou lago com a inundação de grandes áreas. Isso altera drasticamente a paisagem natural do lugar, causando impactos para o ambiente e a população. A vegetação, por exemplo, ficará submersa no reservatório construído.

Usinas termoelétricas poluem o ambiente pela queima dos combustíveis fósseis.

Usinas nucleares podem contaminar o ambiente com radioatividade.

Cuidados com a eletricidade

Apesar dos benefícios da eletricidade, ela também apresenta certos perigos. Assim, para evitar choques, queimaduras, incêndios etc., alguns cuidados devem ser observados.

Precisamos ter cuidado com os fios elétricos. Eles devem estar encapados para não entrarem em contato um com o outro. Quando isso acontece, ocorre um curto-circuito e os fios podem pegar fogo.

Também é aconselhável tomar estes cuidados:

- não mexer em aparelhos elétricos ou em tomadas com a mão molhada ou descalço;
- ao fazer ligações elétricas ou consertos em tomadas, desligar a chave geral;
- não soltar pipas perto de fios da rede elétrica;
- revisar periodicamente as instalações elétricas da casa.

Com cuidados simples assim, muitos problemas serão evitados.

Cuidados com os raios

Você já observou que nas tempestades há relâmpagos e trovoadas? Isso acontece porque as nuvens ficam eletrizadas.

Quando as nuvens estão muito eletrizadas, ocorre uma descarga elétrica: o raio. A descarga pode acontecer entre uma nuvem e outra ou entre uma nuvem e o solo.

A quantidade de energia elétrica de um raio é imensa, com uma força destruidora quase incontrolável.

JUPITER IMAGES

Ao atingir o solo, o raio pode causar grandes prejuízos. Destrói casas, mata seres humanos e animais, arrebenta e queima árvores.

Como proteção contra as descargas elétricas, são montados para-raios no alto de edifícios. Esses equipamentos atraem os raios e conduzem a descarga elétrica para o solo através de um cabo condutor.

O para-raios só atrai descargas até uma distância igual à sua altura. Assim, quanto mais alto estiver, maior será a área protegida.

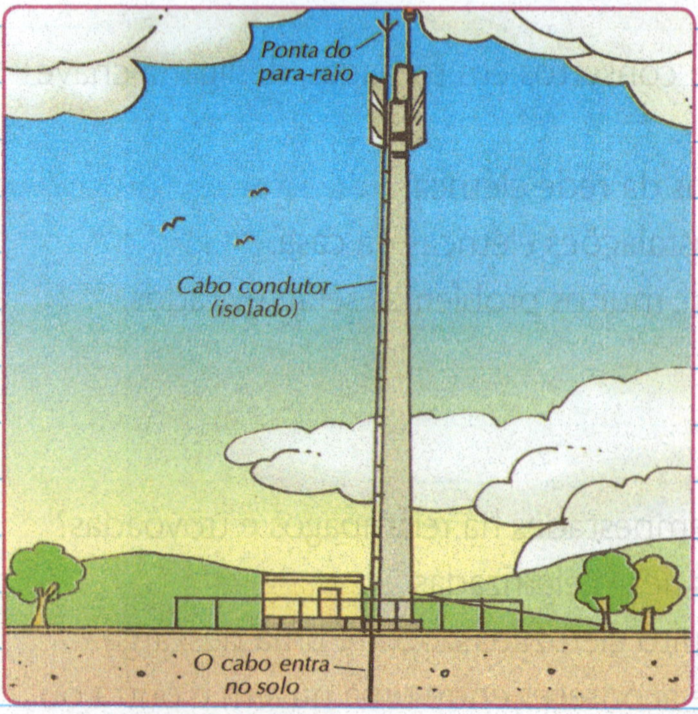

Em caso de tempestade com trovoadas, lembre-se de que os raios caem nas construções, em objetos ou em locais altos. Por isso, não fique debaixo de árvores.

O melhor lugar para se proteger dos raios é dentro de casa. Automóveis e ônibus também são ótimos abrigos porque têm pneus de borracha, que é um material isolante.

ATIVIDADES...

1. Onde é produzida a energia elétrica que usamos?

2. Como podem ser essas usinas?

3. De que tipo é a maioria das usinas brasileiras?

4. Quais usinas usam energia atômica para aquecer a água e movimentar as turbinas?

5. Você é capaz de decifrar a frase usando o código abaixo? As palavras estão separadas nos parênteses e cada número representa uma letra.

(1) (2 – 14 – 2 – 21 –19 – 3 – 7 – 3 – 8 – 1 – 8 – 2) (17 – 4 – 8 – 2)
(20 – 2 – 19) (17 – 2 – 19 – 3 – 10 – 4 – 20 – 1)

A	E	I	O	U	B	C	D	F	G	H	J	K
1	2	3	4	5	6	7	8	9	10	11	12	13
L	**M**	**N**	**P**	**Q**	**R**	**S**	**T**	**V**	**W**	**X**	**Y**	**Z**
14	15	16	17	18	19	20	21	22	23	24	25	26

6. Por que os curtos-circuitos são perigosos?

7. Por que não devemos deixar os fios elétricos desencapados?

8. Complete as frases e resolva a cruzadinha.

a) Quem inventou o telefone foi Alexander Graham ______.

b) Inventou o para-raios: Benjamin ______.

c) Famoso matemático grego: ______ de Mileto.

d) O caminho que a eletricidade percorre: ______.

e) Um aparelho elétrico: ______.

f) O inventor da lâmpada elétrica: Thomas Alva ______.

g) Metal bom condutor de eletricidade: ______.

h) Alessandro ______ inventou a pilha elétrica.

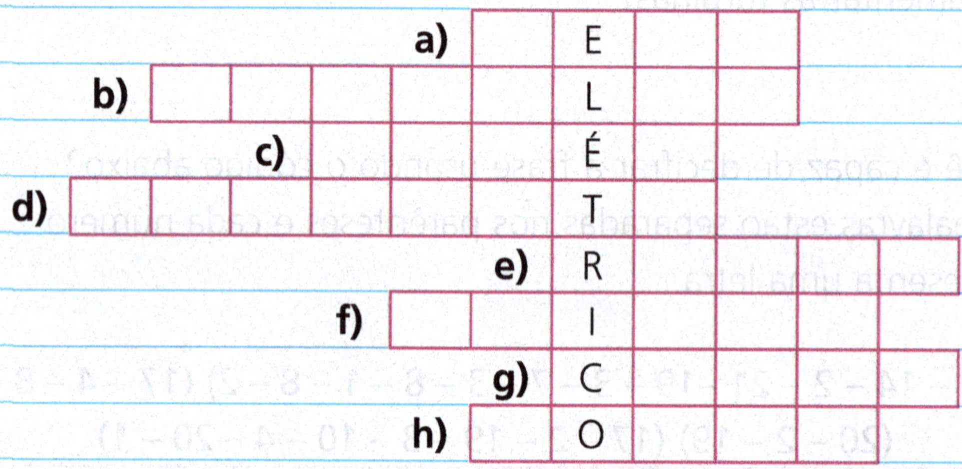

9. Quando ocorre um raio?

10. O que é o para-raios?

11. Como seria a nossa vida sem eletricidade?

Calor

O que é calor

Calor é uma forma de energia. Quando estamos perto de uma fonte de calor, a sensação é de quente. Quando sentimos frio, perdemos calor para o ambiente.

O calor transfere-se de um corpo para outro quando há diferença de temperatura.

As fontes de calor podem ser naturais ou artificiais. Como exemplos de fontes **naturais** de calor, podemos citar o Sol e o centro da Terra. O calor do centro da Terra pode ser percebido nos vulcões e nas fontes de água quente.

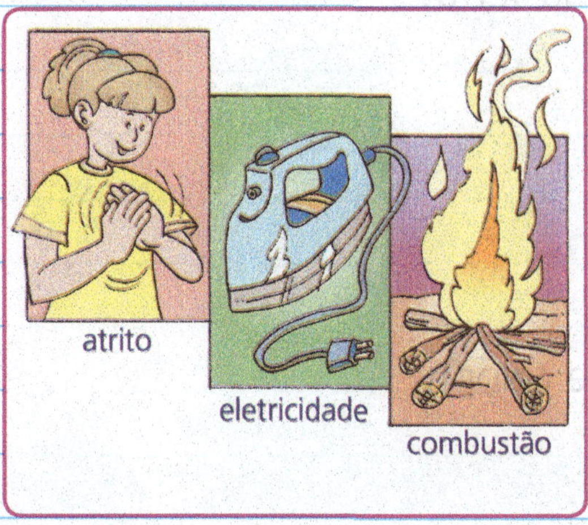

O calor **artificial** pode ser fornecido pelo atrito (por exemplo, esfregando as mãos), pela eletricidade, pela combustão etc.

Esfregue as mãos e veja como ficam quentes; é calor por atrito. Ao martelarmos um prego, ele se aquece; também é calor por atrito.

Bons e maus condutores de calor

Existem corpos que são bons condutores de calor e outros que são maus condutores de calor.

Os **bons condutores** transmitem o calor com facilidade. Por exemplo: os metais (cobre, alumínio, prata, ferro, zinco etc.).

Os **maus condutores** transmitem o calor com dificuldade. Por exemplo: a madeira, o isopor, a cortiça etc.

ATIVIDADES...

1. O que é calor?

2. Como podem ser as fontes de calor?

3. Dê exemplos de fontes naturais de calor.

4. Como percebemos o calor do centro da Terra?

5. Cite fontes de calor artificiais.

6. Quando um corpo é bom condutor de calor?

7. Dê exemplos de maus condutores de calor.

Efeitos do calor

Variação de temperatura

O calor causa variações na temperatura dos corpos. Medimos a temperatura dos corpos com **termômetros**.

Dilatação

Alguns corpos dilatam-se quando aquecidos, isto é, aumentam de volume. Observamos isso em emendas de trilhos de estradas de ferro, de pontes, de calçadas etc. As folgas deixadas nessas emendas chamam-se **juntas de dilatação**.

Trilhos de ferrovias. Os pedaços de trilhos são assentados com um pequeno espaço entre eles. Isso permite que dilatem quando aquecidos pelos raios solares. Sem o espaço, eles entortam e podem até soltar-se.

Pontes e viadutos. Deixa-se um espaço entre as partes da construção, para compensar a dilatação do concreto sob o calor do ambiente.

Calçadas. Em geral, são construídas com ripas de madeira no meio, separando-as em partes. A madeira suaviza a dilatação do cimento, impedindo-o de rachar.

Mudanças de estado da água

Os corpos se apresentam em três estados físicos: sólido, líquido e gasoso. O calor pode alterar esses estados.

A água, por exemplo, apresenta-se nestes três estados:

- **sólido**, na forma de gelo;
- **líquido**, no estado normal, nas torneiras, nos rios e lagos;
- **gasoso**, na forma de vapor de água.

Sob a ação do calor, o gelo derrete e a água líquida evapora.

Se colocarmos cubos de gelo fora do congelador, aos poucos o gelo derrete. A água em estado sólido passa para o estado líquido sob a ação do calor.

Se colocarmos água para ferver, ela passa do estado líquido para o estado gasoso (vapor de água) sob a ação do calor. Mas não vemos a água na forma de gás.

Se colocarmos a tampa na panela, o vapor se torna líquido ao encostar na tampa mais fria. Ou seja, a água passa de gás para líquido. Também vemos isso acontecer nas paredes do banheiro quando tomamos banho bem quente.

Água sólida (gelo) para água líquida.

Vapor de água (gás) que se tornou líquido.

KEYDISC

ATIVIDADES...

1. Quais são os efeitos do calor?

2. Qual é o aparelho que mede a temperatura dos corpos?

3. Quais são os estados físicos da água?

4. O que provoca a mudança dos estados físicos da água?

5. Por que os trilhos ferroviários e as secções de viadutos são assentados com certa folga?

6. Cite exemplos de mudanças de estado da água que você pode observar em sua casa.

REFORÇO 7

As plantas

Necessidades das plantas

Como todo ser vivo, as plantas nascem, crescem, se reproduzem e morrem.

UGREEN

Para isso, elas necessitam de algumas condições favoráveis:

- água, luz, ar;
- temperatura adequada;
- solo fértil e espaço para se desenvolver.

Em ambientes muito secos e com pouco oxigênio, as plantas não se desenvolvem bem. É por isso que o agricultor ara a terra, ou seja, revolve a terra antes do plantio: para que as plantas recebam ar e água.

DELFIM MARTINS/KEYDISC

O solo precisa ser preparado para o plantio.

Cada tipo de planta exige uma temperatura apropriada para se desenvolver. Algumas preferem climas frios, como o trigo; outras preferem regiões quentes, como o amendoim.

Quando o solo não é fértil, ele deve ser adubado.

E se é seco, precisa ser irrigado.

O solo alagado é drenado. Atualmente usa o plantio de espécies vegetais que necessitam de muita água para crescer como recurso para drenagem do solo.

RICARDO AZOURY/KEYDISC

Drenagem do solo feita pelo cultivo de girassol.

DELFIM MARTINS/KEYDISC

Irrigação feita por tubulações que levam água até a plantação.

1. Complete as afirmações.
   a) Terrenos alagadiços devem ser ______________.
   b) Quando o solo é fértil, ele não precisa de ______________.
   c) Cada tipo de planta exige uma ______________.
   d) Vegetais precisam de ______________ para se desenvolver.

2. Prepare três vasos, cada um com um tipo de solo: terra preta adubada, terra de terreno baldio e terra misturada com areia. Plante feijões em cada vaso. Em qual terra os feijoeiros cresceram mais?

3. Complete as frases.

a) Na terra que foi revolvida as plantas recebem mais ar e .

b) Na terra que perdeu fertilidade, precisamos colocar para ela se tornar fértil.

Cada planta tem seu ambiente

A maioria das plantas vive no ambiente terrestre. Algumas são delicadas, com hastes finas, como os cravos. Outras são arbustos. E há as árvores de tronco grosso e copa com muitos galhos.

Há plantas que vivem no ambiente aquático, como a vitória-régia. Nessa planta, a folha larga flutua na água e o caule chega até o fundo do rio, onde entram as raízes.

Há plantas que vivem em regiões de clima quente e com pouca água, como os desertos. Os cactos, por exemplo, estão adaptados a sobreviver com pouca água: eles têm espinhos no lugar de folhas para diminuir a perda de água por transpiração e armazenam água no caule.

pinheiro-do-paraná

vitória-régia

cacto

MAURICIO SIMONETTI/OLHAR IMAGEM/DUDU CAVALCANTI/KEYDISC/ RUBENS CHAVES/PULSAR IMAGENS

Tropismo

Chama-se **tropismo** o movimento de algumas partes das plantas. Os ramos e as folhas se alongam ou viram em busca da luz – como no caso do girassol, que sempre se volta na direção do Sol.

EXPERIÊNCIA

Material: vaso com planta nova e caixa de papelão com tampa.

- Faça uma abertura lateral na caixa.
- Coloque o vaso dentro e mantenha a tampa fechada.
- Só abra a tampa para regar normalmente a planta.

Observe como, depois de alguns dias, um galho da planta começa a sair pela abertura. O movimento das plantas em busca de luz chama-se **fototropismo**.

Agora, complete a frase.

A planta saiu pela abertura em busca de .

ATIVIDADES...

1. Como se chama o ambiente onde vive a maioria das plantas?

2. Quais são os outros ambientes das plantas?

3. Como é a vitória-régia?

4. Como os cactos estão adaptados ao ambiente seco do deserto?

5. Em que consiste o tropismo?

6. Cite uma planta com fototropismo.

Saiba que

A dioneia é uma planta insetívora que captura os insetos fechando suas folhas quando eles pousam nelas.

Existem plantas que apresentam movimento como resposta a estímulos externos. É o que ocorre com certas plantas insetívoras que fecham suas folhas quando tocadas. Se o toque for causado por um inseto, a planta irá digeri-lo para aproveitar seus nutrientes.

Fotossíntese

Para se desenvolver, as plantas precisam de proteínas, gorduras, açúcares e vitaminas. Para produzir esses nutrientes, as plantas fazem fotossíntese. Elas retiram do solo água com sais minerais: a seiva bruta. Essa seiva percorre as raízes e o caule e chega até as folhas.

Nas folhas, há produção de seiva elaborada, que é distribuída para todas as partes da planta. Isso é possível graças à **fotossíntese**.

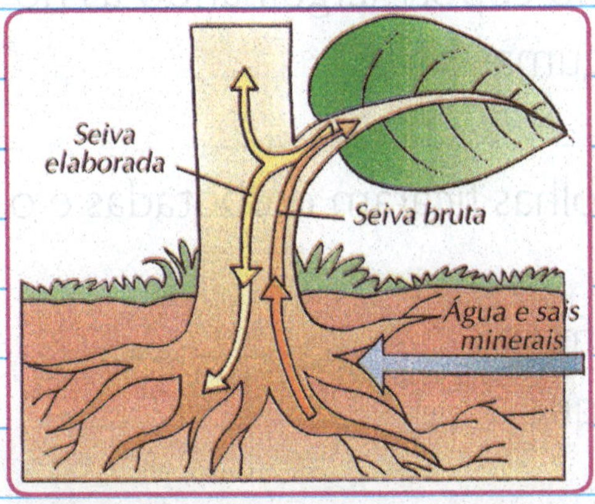

Na fotossíntese, as folhas usam o gás carbônico do ar e a água da seiva bruta.

Com essas substâncias, as folhas produzem um açúcar (glicose) que transforma a seiva bruta em seiva elaborada.

Na fotossíntese há também produção de oxigênio.

A energia para a fotossíntese é a energia solar absorvida pela clorofila, um pigmento que dá cor verde às plantas.

O experimento a seguir demonstra a presença da clorofila nos vegetais verdes.

EXPERIÊNCIA

Material: um copo de vidro com álcool e folhas verdes.

- Coloque as folhas no copo, mergulhando-as no álcool.
- Deixe assim por algumas horas.

Observe como as folhas ficaram desbotadas e o álcool ganhou uma cor verde-amarelada.

Agora, complete a frase.

Isso aconteceu porque a ______________________________ das folhas passou para o álcool.

A fotossíntese também acontece sob luz artificial.

Tal como os animais, as plantas também absorvem oxigênio e expelem gás carbônico na respiração. Na fotossíntese acontece o contrário: as plantas absorvem gás carbônico e expelem oxigênio.

Saiba que

- Todos os herbívoros dependem dos nutrientes produzidos pelas plantas.
- Todos os carnívoros dependem dos herbívoros.
- O símbolo do gás carbônico é CO_2.
- Gás carbônico em altas concentrações (grande quantidade) torna-se venenoso.
- O símbolo do oxigênio é O_2.

ATIVIDADES...

1. Para se desenvolver, do que as plantas precisam?

2. Como a planta produz seu alimento?

3. O que é a clorofila?

4. Qual é o papel da raiz na alimentação da planta?

5. Explique como se processa a fotossíntese.

6. Associe o nome à descrição.

1 fotossíntese	☐ gás carbônico + água → açúcar + oxigênio
2 respiração	☐ açúcar + oxigênio → água + gás carbônico

7. O que é seiva bruta?

8. O que entra nas plantas pelas folhas?

9. O que sai das plantas pelas folhas?

REFORÇO

8 Os animais

Vertebrados

Os animais **vertebrados** têm coluna vertebral, composta por uma sequência (série) de **vértebras**.

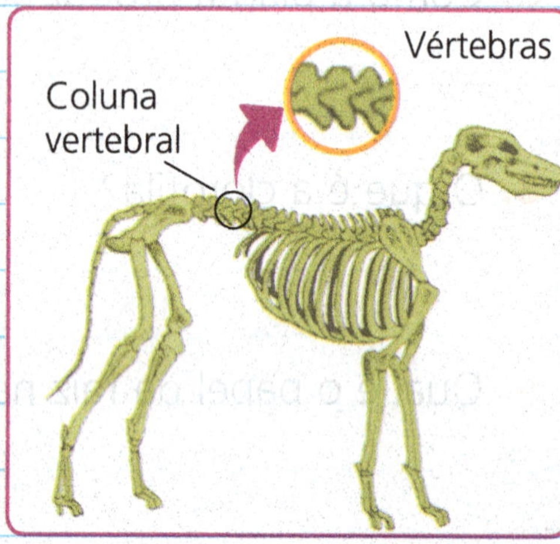

Os animais vertebrados estão divididos em cinco **classes**: mamíferos, aves, répteis, anfíbios e peixes.

Mamíferos

ABLESTOCK

cachorro

- Têm pelos no corpo.
- Inspiram oxigênio e expiram gás carbônico pelos pulmões.
- A temperatura do corpo se mantém constante.
- Possuem glândulas mamárias e mamam quando pequenos.
- São vivíparos (os filhotes se desenvolvem dentro da mãe).

CPG

leopardo

SHUTTERSTOCK

baleia

Aves

- São ovíparas: põem ovos, onde os filhotes se desenvolvem.
- Inspiram oxigênio e expiram gás carbônico pelos pulmões.
- Têm corpo coberto de penas, e têm bico.
- A temperatura do corpo se mantém constante.
- Têm asas, mas nem todas as aves voam.
- Os ossos são ocos, para diminuir o peso e facilitar o voo.

SIMON LAPRIDA

coruja

SCHUBELL

galinha

KENEVA PHOTO GRAPHY

beija-flor

STANISLAV FOSENBAUER

pinguim

Répteis

- Têm membros curtos (ou nem têm, como as cobras); arrastam-se ou rastejam.
- Em geral, vivem na terra, mas alguns vivem na água.
- São ovíparos.
- O corpo é coberto de escamas e placas.
- A temperatura do corpo varia com a temperatura do ambiente.
- Inspiram oxigênio e expiram gás carbônico pelos pulmões.

SOHADISZNO
jacaré

PIOTR KRZESLAK
cobra

WORLD WILD LIFE WONDERS

tartaruga

Anfíbios

sapo

rã

- São ovíparos.
- A pele é úmida e lisa.
- A temperatura do corpo varia de acordo com a temperatura do ambiente.
- Inspiram oxigênio e expiram gás carbônico pelas brânquias (quando pequenos) e pelos pulmões (quando adultos).
- Passam por grandes transformações físicas: a metamorfose.

Peixes

- São ovíparos.
- Têm o corpo coberto de escamas; mas alguns têm pele lisa.
- A temperatura do corpo ajusta-se à do ambiente.
- Os membros são nadadeiras.
- Trocam gases com o ambiente por brânquias.

ATIVIDADES...

1. Como são classificados os animais?

2. O que são animais vertebrados?

3. O que são vértebras?

4. Complete com as características dos mamíferos.
   a) Têm o corpo coberto de ____.
   b) Inspiram ar por ____.
   c) A temperatura é ____.
   d) Possuem glândulas ____ e mamam quando pequenos.
   e) São ____________________, isto é, os filhotes se desenvolvem dentro da mãe.

5. Dê cinco exemplos de animais mamíferos.

6. As aves são animais ovíparos ou vivíparos?

7. Complete com as características das aves.
   a) Têm o corpo coberto de ____________________________. Trocam gases pelos pulmões.
   b) A temperatura do corpo é ________________________________.
   c) Possuem ______________________________________, mas nem todas as aves voam.

8. Por que os ossos das aves são ocos?

9. Complete com algumas características dos répteis.

a) Têm membros ______________________; as cobras não têm membros.

b) Uns vivem na terra, alguns vivem na ______________________.

10. Como é a temperatura do corpo dos répteis?

11. Os répteis voam ou rastejam?

12. Complete com algumas características dos anfíbios.

a) A pele é ______________________ e lisa.

b) A temperatura do corpo é a temperatura do ______________________.

c) Trocam gases por ______________________ quando pequenos e por ______________________ quando adultos.

13. Onde nascem os anfíbios?

14. Que animais passam por grandes transformações físicas e como se chama esse conjunto de mudanças?

15. Como é coberto o corpo dos peixes?

16. Como são os membros dos peixes?

17. Como os peixes absorvem oxigênio e eliminam gás carbônico?

18. Associe as colunas:

A	possuem vértebras	( )	anfíbios
B	rastejam ou arrastam-se	( )	peixes
C	mantêm a temperatura do corpo	( )	aves
D	são animais vivíparos	( )	répteis
E	têm ossos ocos	( )	mamíferos e aves
F	têm brânquias e, mais tarde, pulmões	( )	vertebrados
G	têm brânquias a vida inteira	( )	mamíferos

19. Faça com os colegas um painel sobre os animais vertebrados em geral. Use fotos, desenhos, recorte de jornais e revistas.

20. Classifique estes vertebrados.

JUPITER IMAGES

PHOTOS.COM

ABLESTOCK

PHOTOS.COM

JUPITER IMAGES

Invertebrados

Os animais que não têm vértebras chamam-se **invertebrados**.

Em geral, os invertebrados são ovíparos; põem ovos.

Os invertebrados estão agrupados em várias **classes**.

Insetos

Mosquitos, pulgas, baratas, pernilongos, percevejos, gafanhotos, cupins, moscas, entre outros, são insetos.

Algumas espécies transmitem doenças e outras estragam plantações.

Todos os insetos têm seis pernas, sendo três de cada lado.

Os insetos da ilustração podem ser encontrados em nossa casa, nos jardins, nos parques. São insetos que fazem parte da nossa vida.

Muitas baratas vivem nos esgotos e as moscas pousam no lixo. Por essas razões, as pessoas não gostam desses insetos pela casa.

Aracnídeos

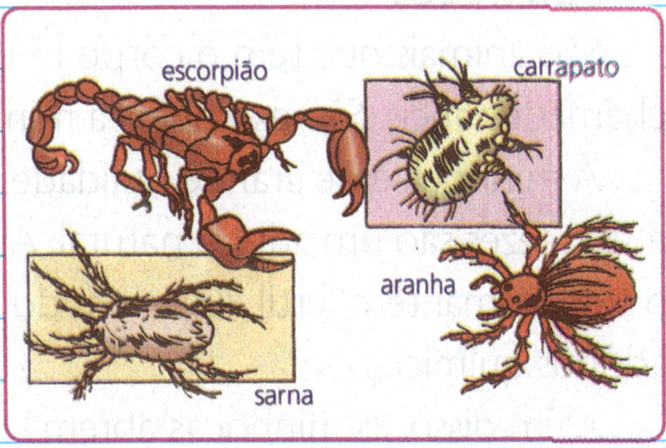

São aracnídeos as aranhas, os escorpiões, os carrapatos, a sarna, entre outros.

Os escorpiões e algumas aranhas são **peçonhentos**, isto é, injetam veneno nas presas.

Crustáceos

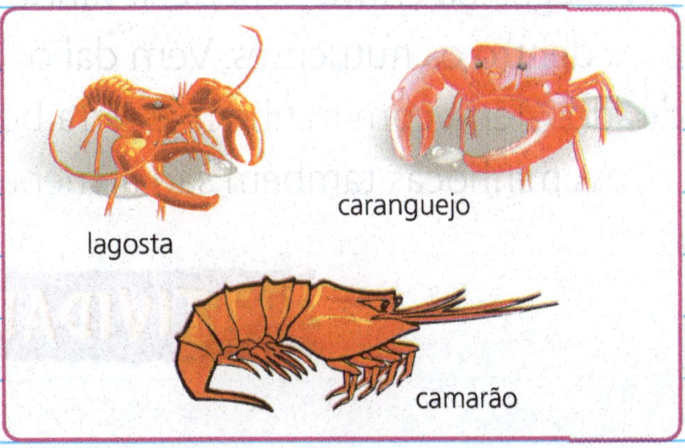

KEYDISC

São na maioria aquáticos e têm uma casca (carapaça). Exemplos: lagosta, siri, camarão, caranguejo.

Moluscos

São animais de corpo mole.
Alguns têm conchas duras, como o caracol. Em outros, a concha é interna, como nos polvos e lulas.

Há os que não têm concha, como a lesma.

Anelídeos

São animais que têm o corpo longo e formado por segmentos, chamados anéis. São exemplos a minhoca e a sanguessuga.

A minhoca é de grande utilidade. Ela se alimenta de matéria orgânica e suas fezes são um adubo natural. Assim, o solo se mantém fértil, dispensando adubos químicos.

BARBRO BERGFELD

Além disso, as minhocas abrem túneis na terra. Isso areja o solo e permite que a água da chuva penetre, levando para dentro os nutrientes. Vem daí o ditado: "Terra com minhoca é terra boa!".

As minhocas também são alimentos para outros animais.

ATIVIDADES...

1. Faça a correspondência.

A inseto	( ) polvo
B aracnídeo	( ) lombriga
C crustáceo	( ) borboleta
D molusco	( ) escorpião
E verme	( ) camarão

2. Complete as frases.

a) Animal com corpo formado por anéis: __________.

b) Em geral, os invertebrados são __________ (põem ovos).

c) __________ de carne saborosa: lagosta.

d) __________ que mora numa casa enrolada: caracol.

e) Piolhos, pulgas, mosquitos etc. __________ doenças.

3. Quais invertebrados vivem dentro da sua casa?

4. Quais vertebrados vivem nos jardins e quintais?

5. De quais invertebrados você tem medo?

6. Classifique os invertebrados das fotos.

caranguejo

ABLESTOCK

aranha

caracol

louva-a-deus

REFORÇO

9 Bactérias e fungos

Bactérias

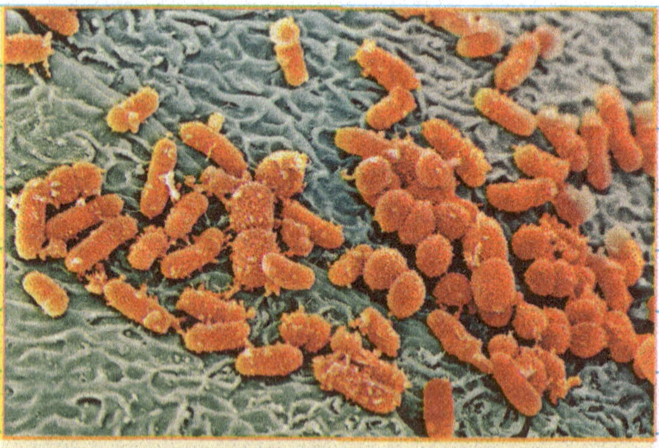
NYT PHOTOS

Bactérias (em laranja) sobre a mucosa do nariz. Ampliada cerca de 2.000 vezes.

Bactérias são seres microscópicos presentes em toda parte. Algumas espécies são nocivas e causam doenças como tifo, disenteria, tétano, pneumonia, tuberculose e cáries dentárias.

Algumas espécies são de utilidade para nós nos processos de fermentação da uva, produzindo vinhos e vinagres. Outras são usadas na indústria de laticínios para fabricar queijos, manteigas, coalhadas, iogurtes etc.

Há espécies de bactérias do solo e das raízes de certas plantas que fixam o nitrogênio do ar, transformando-o em sais que são absorvidos pelas raízes dos vegetais.

No intestino humano, vivem bactérias que auxiliam na digestão e produzem substâncias necessárias ao organismo.

As bactérias decompositoras digerem animais e vegetais mortos.

O processo de **esterilização** consiste em eliminar por completo as bactérias por meio de altas temperaturas.

A aplicação de antissépticos em ferimentos também é um processo de esterilização.

Os antibióticos matam bactérias que causam doenças.

As bactérias são seres tão pequenos que só são visíveis com microscópios.

ATIVIDADES...

1. O que são bactérias?

2. Como podemos ver as bactérias?

3. Onde existem bactérias?

4. As bactérias são úteis ou prejudicam o ser humano?

5. Cite um exemplo de bactérias úteis que vivem em nosso corpo.

6. Cite exemplos de doenças causadas por bactérias.

7. Faça a correspondência.

A	fermentação	☐	queijo, coalhada, iogurte
B	laticínios	☐	auxiliam a digestão
C	no solo	☐	vinho, vinagre
D	no intestino	☐	fixação do nitrogênio do ar

8. Por que devemos aplicar antissépticos nos ferimentos?

9. Que medicamentos matam as bactérias?

Fungos

Você já deve ter visto um pedaço de pão embolorado, com manchas esverdeadas ou pretas. Essas manchas são **fungos**.

O bolor também pode ser visto em outros lugares que tiverem umidade: sapatos, livros, frutas, legumes e até nas paredes.

Os fungos se alimentam de outros seres vivos.

Há fungos usados na alimentação, como alguns cogumelos.

Os levedos são fermentos usados na panificação, na fabricação de cervejas e de outras bebidas.

Há também fungos usados na produção de queijos e iogurtes.

DAVID SCHARF/SCIENCE PHOTO LIBRARY

Saccharomyces cerevisiae em brotamento. Ampliado 5.514 vezes aproximadamente. Vista em microscópio eletrônico e em cor fantasia.

NYT PHOTO

Fungos pluricelulares comuns sobre troncos. São de tamanhos variados, dependendo da espécie.

Além disso, os fungos podem ser empregados na produção de antibióticos.

E existem ainda os fungos **decompositores**. Junto com as bactérias, eles decompõem animais e vegetais mortos.

Saiba que

No começo do século XX, o cientista inglês Alexander Fleming desenvolveu a **penicilina** a partir de bolores. Estava inaugurada a era dos antibióticos.

Entre os fungos que incomodam e prejudicam os seres humanos, podemos citar:

- os que causam doenças de pele, como micoses, frieiras, impigens etc.;
- os cogumelos venenosos, que causam graves intoxicações;
- os fungos causadores da ferrugem, que ataca plantações, árvores frutíferas e cereais;
- os que causam doenças em peixes etc.;
- o sapinho, que ataca principalmente a boca dos bebês que chupam chupeta e aparece na forma de manchas brancas.

ATIVIDADES...

1. O que são fungos?

2. Os fungos produzem o próprio alimento?

3. Do que os fungos necessitam para se desenvolver?

4. Você conhece algum fungo comestível?

5. Que fungos são usados na fabricação de pães e de bebidas?

6. Cite algumas doenças causadas por fungos.

REFORÇO 10

O corpo humano: sistemas locomotor e digestório

Sistema locomotor

Ossos e músculos formam o **sistema locomotor**, responsável pelos movimentos do nosso corpo.

Sistema esquelético e muscular

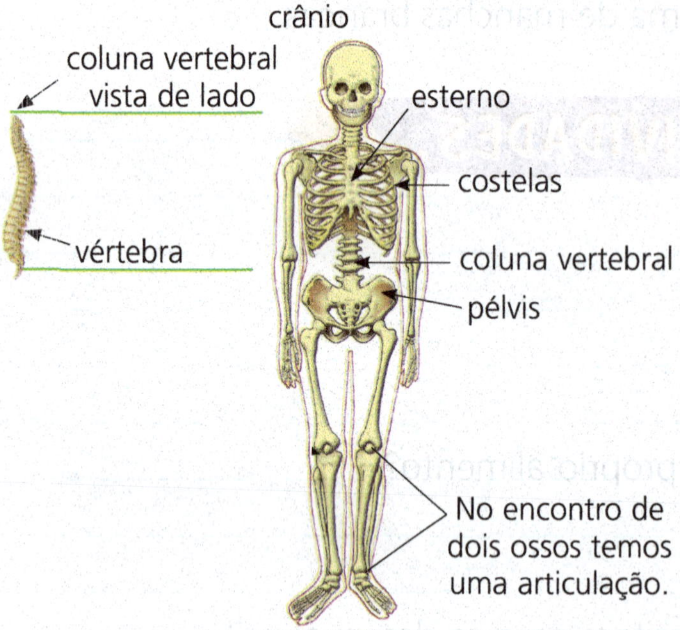

A ilustração está fora de escala de tamanho. As cores utilizadas não correspondem aos tons reais.

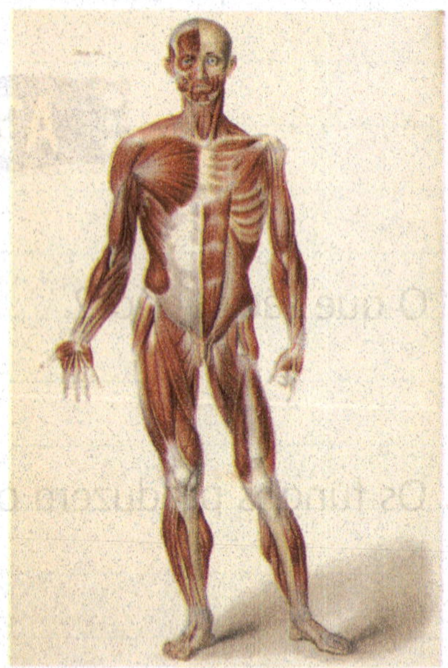

SHEILA TERRY/SCIENCE PHOTO LIBRARY

Os ossos

Reunidos, os ossos do corpo humano compõem o **esqueleto**. Cerca de 200 ossos formam o nosso esqueleto. Há vários tipos de ossos. O maior osso do nosso corpo é o fêmur, que fica na coxa.

Na junção de dois ossos, temos uma **articulação**, que pode ser móvel, semimóvel ou mesmo imóvel.

Entre o fêmur e o ilíaco temos uma articulação **móvel** que permite o movimento das pernas. Na coluna vertebral temos articulações **semimóveis**, que permitem dobrar o corpo. No crânio temos ossos com articulações **imóveis**.

ATIVIDADES...

1. O que faz nosso corpo se movimentar?

2. Do que é formado o nosso esqueleto?

3. Como os nossos ossos se juntam uns aos outros?

4. Complete as frases.

a) Articulações ______________ só permitem alguns movimentos.

b) A articulação dos braços e pernas é do tipo ______________.

c) Os ossos do crânio formam articulações ______________.

d) A ______________ vertebral tem articulações semimóveis.

e) Os ossos do nosso corpo compõem o ______________.

5. Faça a correspondência.

A conjunto de ossos	( ) vértebras
B articulação móvel	( ) sistema locomotor
C músculos e esqueleto	( ) esqueleto
D articulação imóvel	( ) maxilar inferior
E articulação semimóvel	( ) ossos do crânio
F maior osso do corpo	( ) fêmur

6. Apalpe seu corpo e sinta seus ossos. Sinta onde está o fêmur, que é o maior osso da perna. Movimente a perna e sinta a articulação do fêmur e do ilíaco, que é o osso do quadril. Apalpe seu crânio e sinta como ele é. Depois, comente com a turma o que você percebeu.

Os músculos

Nossos músculos localizam-se sobre o esqueleto e abaixo da pele. Eles protegem os órgãos internos.

Os músculos estão ligados ao esqueleto pelos ligamentos, que fazem com que as articulações se movimentem.

Há dois tipos de músculo: estriado e liso.

- Os **músculos estriados** se contraem quando queremos. Exemplos: os músculos dos braços, das pernas etc. Esses músculos são **voluntários** porque nós comandamos sua contração.
- Os **músculos lisos** não dependem da nossa vontade para se contrair. Exemplos: os músculos do estômago e dos intestinos. Eles são músculos **involuntários**.

ATIVIDADES...

1. Onde se localizam os nossos músculos?

2. Além dos movimentos, que outra função têm os músculos?

3. Por que os músculos são elásticos?

4. Quais são os tipos de músculos?

5. Como são chamados os músculos estriados? Por quê?

Sistema digestório

Digestão é a transformação dos alimentos em partículas ao longo do tubo digestório para que possam atravessar o intestino e entrar na circulação sanguínea.

O sistema digestório começa na boca e termina no ânus.

Ele é formado por:

- tubo digestório;
- órgãos anexos.

Formam o **tubo digestório** a boca, a faringe, o esôfago, o estômago e os intestinos (o delgado e o grosso).

Os **órgãos anexos** são as glândulas salivares, o fígado e o pâncreas.

Sistema digestório

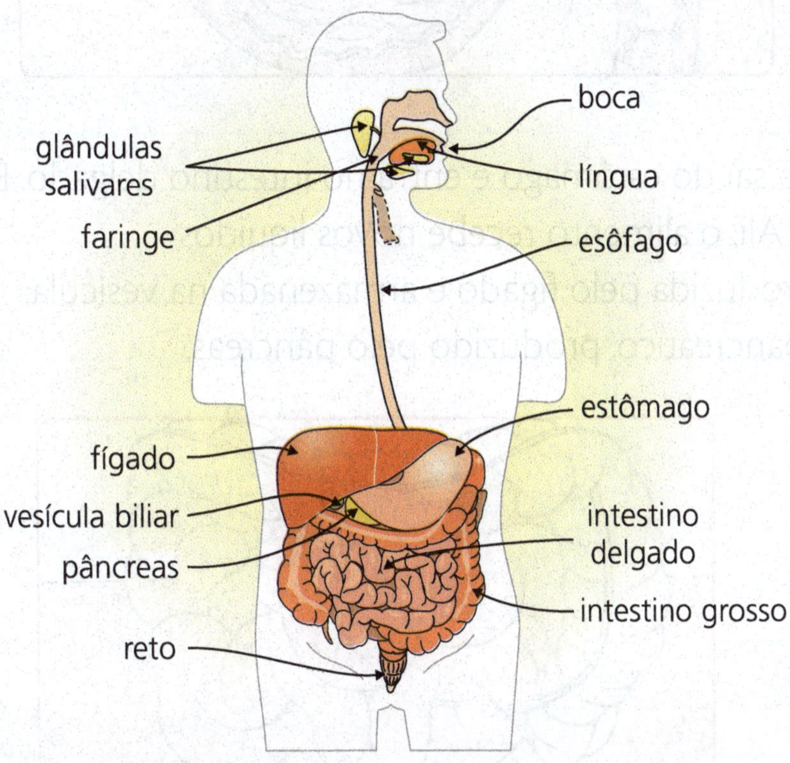

A ilustração está fora de escala de tamanho. As cores utilizadas não correspondem aos tons reais.

A digestão tem início na boca. Ali o alimento é mastigado pelos dentes e umedecido pela saliva. O alimento transforma-se numa espécie de pasta, o **bolo alimentar**.

Engolido, o bolo alimentar passa pela faringe, desce pelo esôfago e chega ao estômago. Começa uma nova etapa da digestão.

No estômago, o alimento é atacado pelo suco gástrico e amassado durante algumas horas. Transforma-se, então, num líquido grosso, chamado **quimo**.

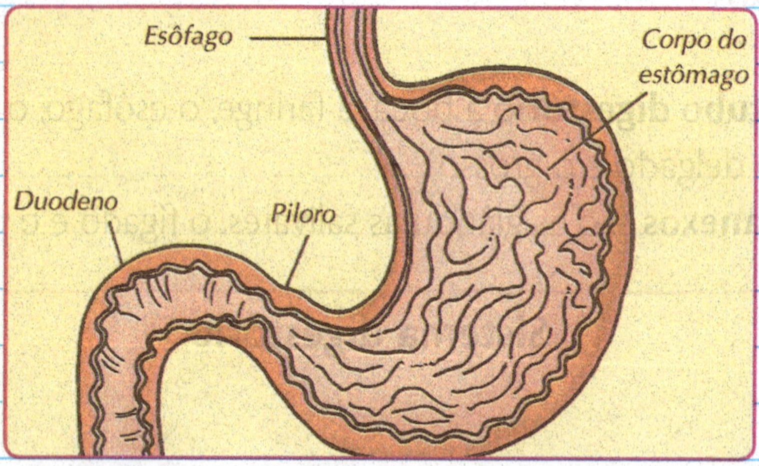

O quimo sai do estômago e entra no intestino delgado. É outra etapa da digestão. Ali, o alimento recebe novos líquidos:

- a bílis, produzida pelo fígado e armazenada na vesícula;
- o suco pancreático, produzido pelo pâncreas.

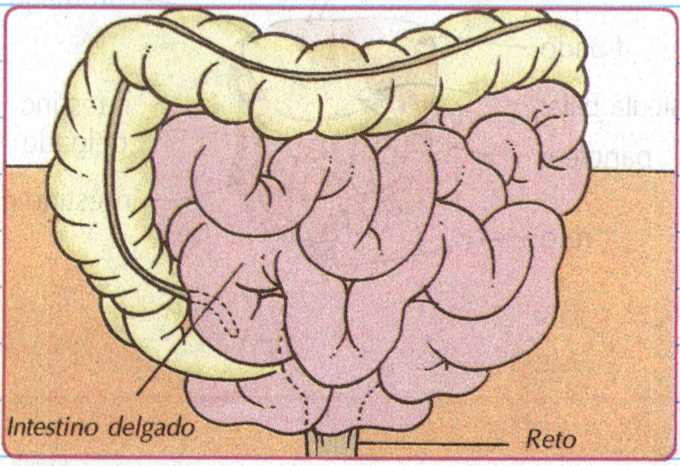

O quimo transforma-se em um novo líquido, chamado **quilo**.

Parte do quilo é absorvida pelo intestino delgado e passa para o sangue, seguindo para todas as parte do corpo. O começo do intestino delgado chama-se **duodeno**.

O restante do quilo entra no intestino grosso para mais uma etapa da digestão. A água e os sais minerais são retirados do alimento e incorporados à corrente sanguínea.

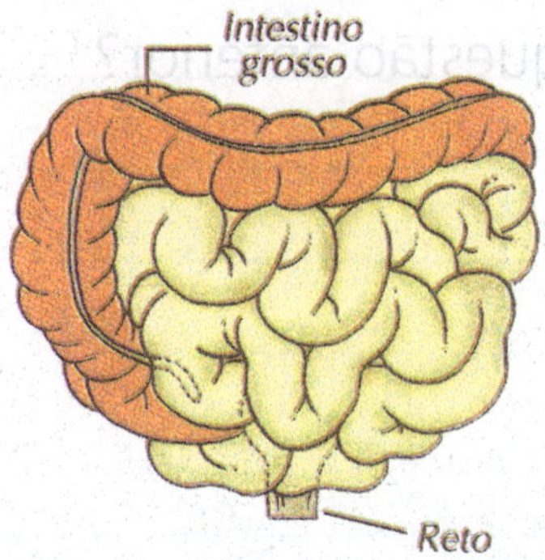

As substâncias restantes do alimento, não aproveitadas, são expelidas do corpo na forma de fezes.

O fígado tem um importante papel na digestão, ajudando a misturar e umedecer os alimentos de maneira uniforme.

Os dentes também têm um papel importante na digestão, ao triturar e mastigar os alimentos. Temos duas dentições:

- primeira, ou dentição de leite, formada por 20 dentes;
- a segunda, ou dentição definitiva, formada por 32 dentes (8 incisivos, 4 caninos, 8 pré-molares e 12 molares).

ATIVIDADES...

1. O que é digestão?

2. Quais são os órgãos anexos ao tubo digestório?

3. Dê o nome destes órgãos.

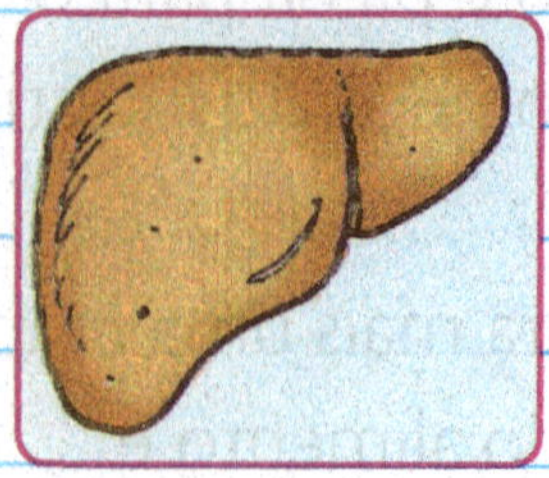

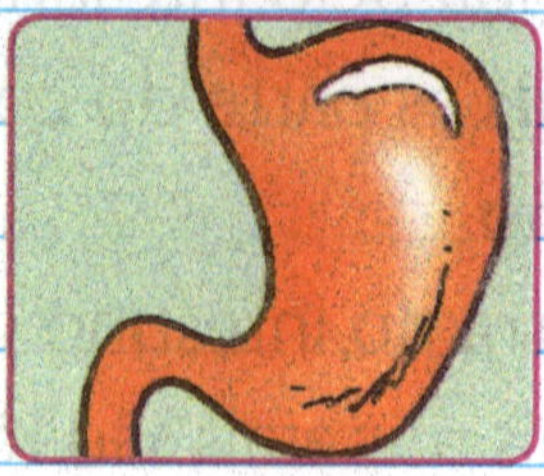

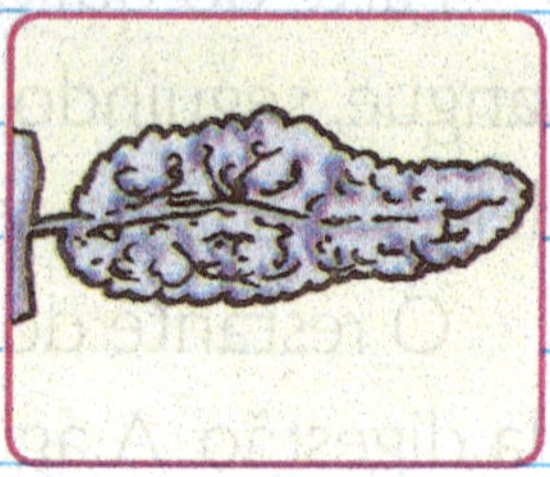

a) b) c)

4. Que líquidos são produzidos pelos órgãos da questão anterior?

a) O fígado produz a .
b) O estômago produz o .
c) O pâncreas produz o .

5. Onde tem início a digestão?

6. Depois de engolido, por quais órgãos passa o bolo alimentar?

7. O que acontece com o bolo alimentar no estômago?

8. Que líquidos o quimo recebe no intestino delgado?

9. O que acontece com as substâncias dos alimentos que não são aproveitadas?

REFORÇO 11

O corpo humano: sistemas respiratório e circulatório

Sistema respiratório

Na troca de gases, nosso corpo retira do ar oxigênio e expele gás carbônico.

Precisamos do oxigênio para gerar a energia que mantém o nosso corpo em atividade. O gás carbônico é a sobra desse processo e precisa ser eliminado do corpo.

Vários órgãos formam o sistema respiratório: fossas nasais, faringe, laringe, traqueia, brônquios, bronquíolos e pulmões.

Observe como a traqueia se bifurca e forma os brônquios, seguindo um ramo para cada pulmão. Nos pulmões, os brônquios se ramificam e formam os bronquíolos, que continuam se dividindo, até os alvéolos.

Esquema do sistema respiratório

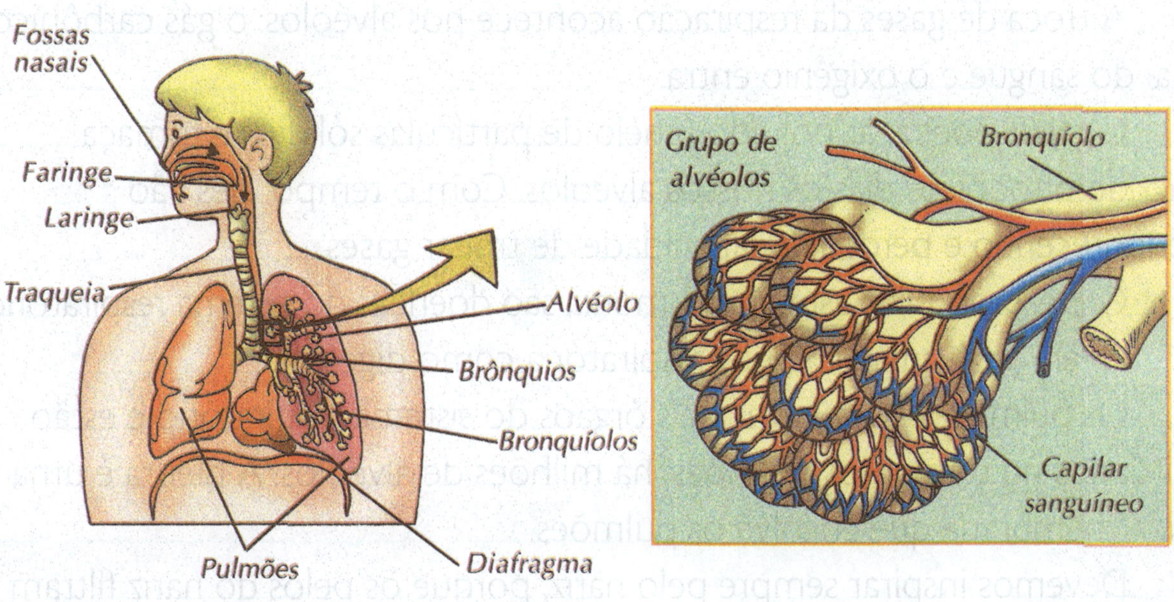

Na troca de gases, há dois movimentos: inspiração e expiração.

Na **inspiração**, o ar rico em oxigênio entra no corpo e enche os pulmões. O tórax aumenta quando inspiramos.

Na **expiração**, o ar carregado de gás carbônico deixa os pulmões e sai pela boca ou pelo nariz.

O diafragma é um músculo que fica logo abaixo dos pulmões e se movimenta para cima e para baixo. Quando ele abaixa, o ar expande para dentro dos pulmões.

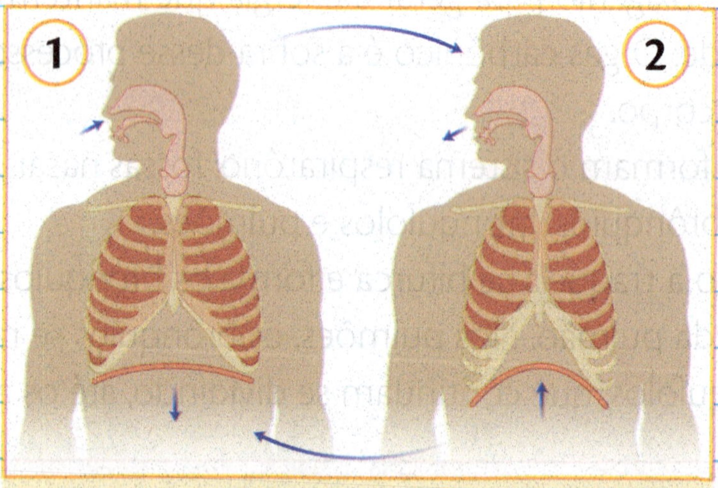

Esquema da movimentação do diafragma na inspiração (1) e expiração (2).

A troca de gases da respiração acontece nos alvéolos: o gás carbônico sai do sangue e o oxigênio entra.

Cigarro, poeira, ar poluído (cheio de partículas sólidas) e fumaça agridem todos os dias os nossos alvéolos. Com o tempo, eles vão endurecendo e perdem a capacidade de trocar gases.

Gripe, bronquite, asma, pneumonia são doenças do sistema respiratório.

A faringe é uma via tanto respiratória como digestiva.

Os pulmões são os principais órgãos do sistema respiratório e estão situados no tórax. Nos pulmões, há milhões de alvéolos. A pleura é uma fina membrana que envolve os pulmões.

Devemos inspirar sempre pelo nariz, porque os pelos do nariz filtram o ar e as fossas nasais umedecem o ar.

ATIVIDADES...

1. Qual troca de gases ocorre na respiração?

2. Quais são os órgãos do sistema respiratório?

3. Que movimentos realizamos ao respirar?

4. O que acontece quando inspiramos?

5. O que acontece quando expiramos?

6. Complete as frases.

   a) A troca de gases da respiração acontece nos ______.
   b) Nos pulmões, os ______ se ramificam e formam os bronquíolos.
   c) A membrana fina que envolve os pulmões chama-se ______.

7. Coloque V se for verdadeiro e F se for falso.

   ☐ A entrada do ar em nosso corpo chama-se inspiração.
   ☐ O ar que sai do nosso corpo é bom para a respiração.
   ☐ A faringe é uma via digestiva e respiratória.
   ☐ Pela inspiração, o ar sai de nosso corpo.
   ☐ Os pulmões estão situados no tórax.

Sistema circulatório

O **sistema circulatório** ou cardiovascular é formado pelo coração e pelos vasos sanguíneos.

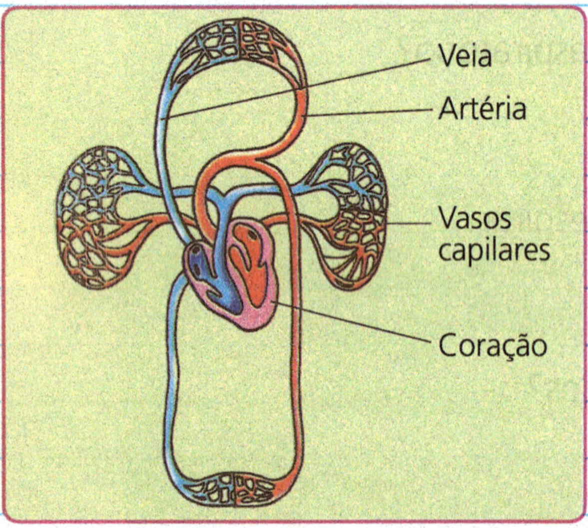

O **coração** é o órgão mais importante do sistema. Ele bombeia e empurra continuamente o sangue rico em oxigênio (que vem dos pulmões) para todas as partes do corpo. Ele faz isso por meio dos vasos sanguíneos.

Os **vasos sanguíneos** são compostos pelas artérias, pelas veias e pelos capilares.

Artérias são vasos que conduzem o sangue do coração para todas as partes do corpo.

Veias são vasos que conduzem o sangue das diversas partes do corpo para o coração.

Capilares são vasos finíssimos, que se ramificam a partir das veias e das artérias. Passam oxigênio e nutrientes às células.

- O sangue rico em oxigênio, vermelho-vivo, chama-se **arterial**.
- O sangue rico em gás carbônico, arroxeado, chama-se **venoso**.
- Um adulto possui entre 5 e 6 litros de sangue.
- O coração é um órgão muscular oco; localiza-se no tórax, entre os dois pulmões.
- Os glóbulos vermelhos do sangue transportam oxigênio e gás carbônico.
- Os glóbulos brancos funcionam como defensores do nosso corpo, porque atacam os germes invasores.
- No corpo de um adulto, circulam cerca de 4 a 5 litros de sangue.
- Algumas doenças são transmitidas pelas transfusões sanguíneas.

ATIVIDADES...

1. Qual é a função do sangue?

2. Como é composto o sistema circulatório?

3. Qual é o papel do coração?

4. O que são artérias?

5. O que são veias?

6. O que são vasos capilares?

7. Como é o coração e onde está situado?

8. Assinale **V** se for verdadeiro e **F** se for falso.

- ☐ O sangue venoso é escuro, carregado de gás carbônico.
- ☐ O movimento do sangue em nosso corpo chama-se digestão.
- ☐ O coração é o principal órgão do sistema circulatório.
- ☐ As artérias transportam o sangue do corpo todo para o coração.
- ☐ Os vasos sanguíneos são formados pelas artérias, pelas veias e pelos vasos capilares.

REFORÇO 12

O corpo humano: sistemas nervoso e urinário

Sistema nervoso

O **sistema nervoso** dirige o funcionamento de todos os órgãos do nosso corpo. Ele é constituído pelo encéfalo, pela medula espinhal e pelos nervos.

Também classificamos o sistema nervoso em central e periférico. O sistema nervoso central é constituído pelo encéfalo e o periférico pela medula espinhal e nervos.

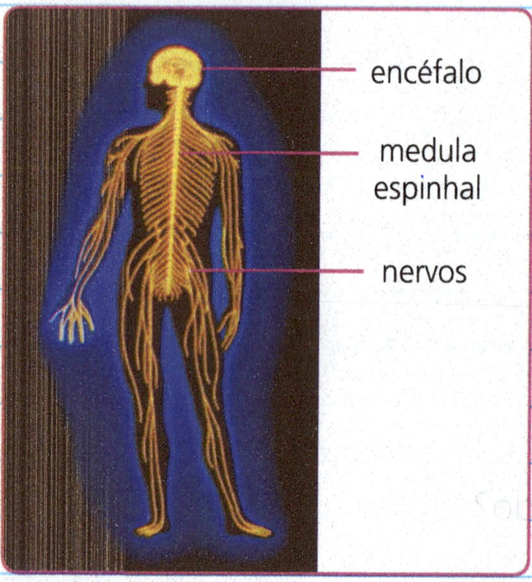

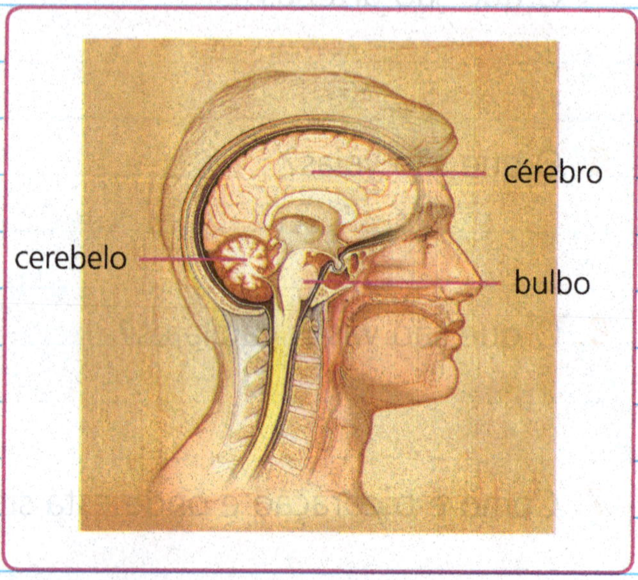

O **encéfalo** é formado pelo cérebro, pelo cerebelo e pelo bulbo.
O **cérebro** é o órgão responsável pelo pensamento, pela memória e pela inteligência.
O **cerebelo** coordena os nossos movimentos e funciona como órgão de equilíbrio do corpo.
O **bulbo** controla a respiração, a digestão, a circulação e os batimentos cardíacos (do coração) do nosso corpo, vômitos etc. Ele se localiza entre o cérebro e a medula.

A **medula espinhal** tem a forma de um cordão e está situada dentro da coluna vertebral. Ela participa de nossos atos involuntários (contrários à vontade) e também de nossos atos reflexos.

Os **nervos** saem do encéfalo e da medula e se estendem por todas as partes do nosso corpo, enviando e recebendo informações.

Saiba que

O sistema nervoso periférico participa dos atos voluntários e involuntários do nosso corpo. Atos voluntários são aqueles que executamos pelo nosso comando. Por exemplo: sentar e levantar. Atos involuntários acontecem independentemente da nossa vontade, como os batimentos do coração.

ATIVIDADES...

1. Qual é a função do sistema nervoso?

2. Quais são os principais órgãos do sistema nervoso?

3. Quais partes formam o encéfalo?

4. O que faz o cerebelo?

5. Qual é a função do bulbo e onde se localiza?

Sistema urinário

Para manter nosso corpo saudável, eliminamos por meio da urina substâncias prejudiciais à nossa saúde.

O sistema urinário é formado pelos rins, pelos ureteres, pela bexiga e pela uretra.

Esquema do sistema excretor

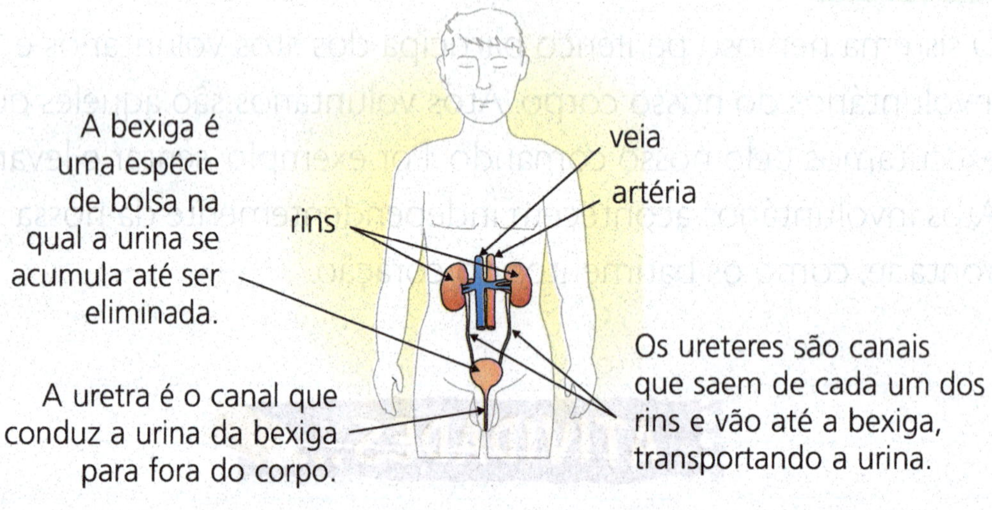

A ilustração está fora de escala de tamanho. As cores utilizadas não correspondem aos tons reais.

Os rins são dois órgãos localizados na altura da cintura, um de cada lado. Eles atuam como filtros, retirando do sangue as impurezas, que se dissolvem na água e formam a urina.

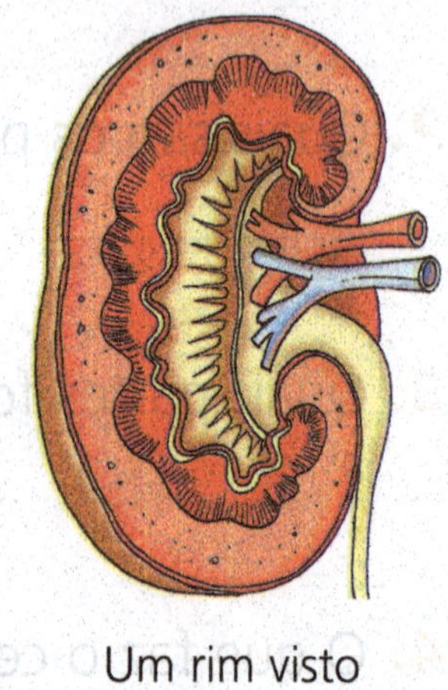

Um rim visto por dentro.

A urina desce pelos ureteres até a bexiga.

A bexiga é uma bolsa onde a urina fica retida até o momento de ser eliminada.

Essa eliminação é feita por meio da uretra, um canal que conduz a urina para fora do corpo.

A urina é um líquido amarelado, formado por grande quantidade de água. Eliminamos cerca de 2 litros de urina por dia. A água eliminada deve ser reposta ingerindo cerca de 2 litros de água diariamente. Parte dessa água está nos alimentos que comemos.

ATIVIDADES...

1. Por que precisamos urinar?

2. Escreva **V** se for verdadeiro e **F** se for falso.

- [ ] O sistema urinário produz urina.
- [ ] Os rins são órgãos do sistema urinário.
- [ ] As vias urinárias são formadas pelos rins e pela bexiga.
- [ ] A bexiga armazena urina.

3. Para que servem os ureteres?

4. Onde estão localizados os rins?

5. Como os rins atuam?

6. Quantos litros de urina eliminamos por dia?

7. Como repomos a água que eliminamos?

REFORÇO 13

Os órgãos dos sentidos

Os **órgãos dos sentidos** nos põem em relação com o meio ambiente.

PHOTOS.COM

Os nossos sentidos são: **visão**, **audição**, **paladar**, **olfato** e **tato**. Cada um desses órgãos é composto de três partes.

Primeira parte: é a que recebe as impressões. É constituída:

- pelos olhos, para a visão;
- pelas orelhas, para a audição;
- pela língua e pela boca, para o paladar;
- pelo nariz, para o olfato;
- pela pele, para o tato.

Segunda parte: é constituída pelos **nervos**, que conduzem as impressões ao cérebro.

Terceira parte: é constituída pelo **cérebro**, que transforma as impressões em sensações.

Tato

LIOQUID LIBRARY

O órgão do tato é a pele, que recobre a superfície do corpo humano.

Temos na pele vários tipos de sensores. Eles recebem estímulos que são transmitidos até o cérebro, dando as sensações de quente e frio, grande e pequeno, redondo ou quadrado, duro ou mole, liso ou áspero.

Olfato

PHOTOS.COM

Olfato é o sentido que nos permite perceber os odores (cheiros).

O sentido do olfato está localizado dentro das fossas nasais (nariz).

As fossas nasais recebem estímulos de substâncias que estão no ar.

Esses estímulos chegam ao cérebro e nos dão a sensação de odor.

Paladar

PHOTOS.COM

Paladar é o sentido que nos faz perceber o gosto das substâncias.

O órgão do paladar é a língua, e sentimos os gostos através das papilas.

O olfato está ligado ao paladar. Paladar e olfato nos dão a sensação de sabor.

Audição

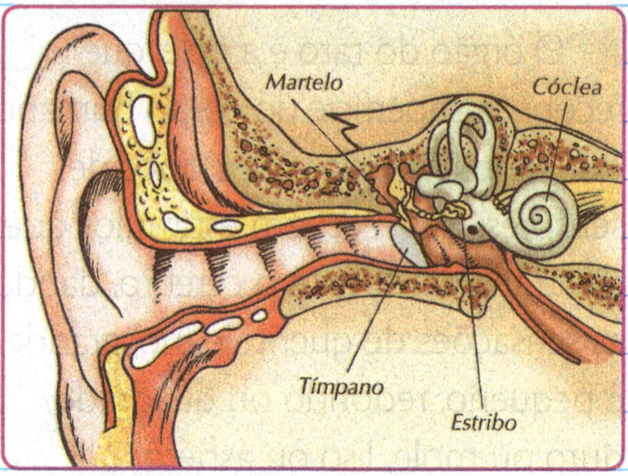

Audição é o sentido que nos permite perceber os sons.

O órgão da audição é a orelha.

A orelha tem uma parte externa que é o pavilhão auditivo.

A orelha média tem três ossinhos, sendo que o último encosta no tímpano.

A orelha interna tem um caracol, que é o órgão do equilíbrio.

Os sons entram na orelha e fazem vibrar os ossinhos. A vibração se transmite ao tímpano e gera um impulso, que é levado pelos nervos até o cérebro.

Locais muito barulhentos, como certas fábricas, ruas congestionadas, bares, cinemas e espetáculos ao vivo, carros de som, trios elétricos etc. apresentam um nível de ruído muito alto; às vezes mais do que a audição humana pode suportar. É o que chamamos de **poluição sonora**.

PCRUCIATTI

Visão

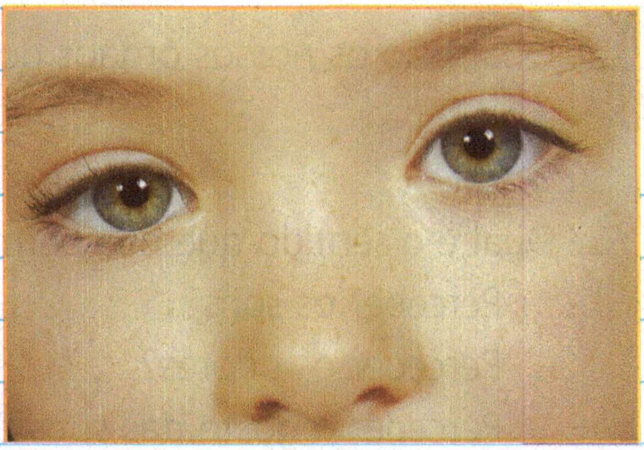

O sentido da visão nos permite apreciar as formas, a posição, o tamanho e as cores de tudo o que nos rodeia.

Os órgãos da visão são os olhos.

As sobrancelhas protegem os olhos do suor que escorre pela testa.

Os cílios protegem os olhos da poeira.

As lágrimas lubrificam e umedecem os olhos.

No globo ocular temos a córnea, transparente, por onde a luz passa e entra pela pupila, para alcançar a retina. Nessa passagem, atravessa a lente que focaliza a imagem na retina.

Os impulsos luminosos são transmitidos ao nervo óptico e temos a sensação das imagens dos objetos no cérebro.

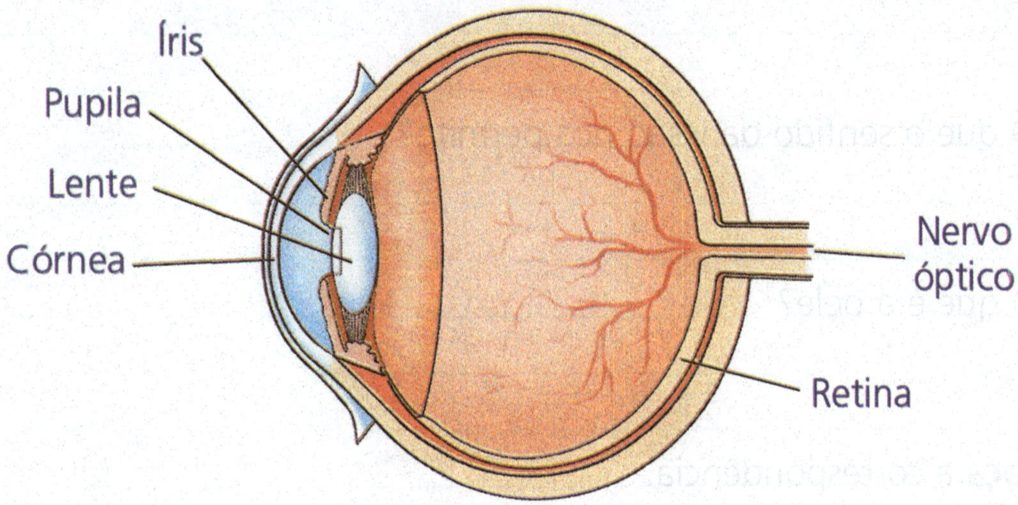

A maioria dos animais não tem visão em cores, como nós. Ou seja, eles enxergam em branco e preto.

ATIVIDADES...

1. Quais são os nossos órgãos dos sentidos?

2. Qual é o sentido que nos permite:

a) Perceber os sons?

b) Perceber os odores?

c) Perceber o gosto das substâncias?

3. O que fazem os nervos?

4. O que acontece com as impressões no cérebro?

5. Em que consiste o sentido do paladar?

6. O que o sentido da visão nos permite?

7. O que é a pele?

8. Faça a correspondência.

1 olhos	( ) tato
2 ouvidos	( ) paladar
3 papilas da língua	( ) visão
4 pele	( ) audição

9. Qual é o caminho da luz em nossos olhos?

10. Ler em lugares escuros prejudica a visão? Por quê?

11. Descubra qual é o nome do médico que cuida da visão.

12. Escreva o nome das partes do olho humano.

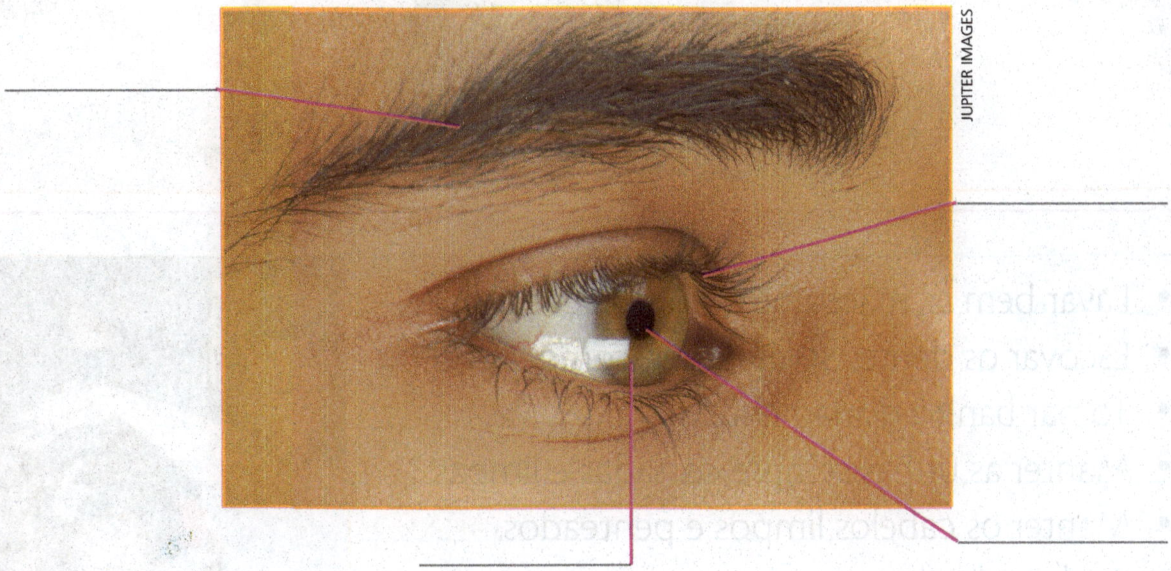

JUPITER IMAGES

13. Escreva qual é a função de cada parte indicada na figura.

REFORÇO

14 Higiene e saúde

Higiene do corpo

Para ter boa saúde, devemos obedecer a algumas regras.

ABLESTOCK

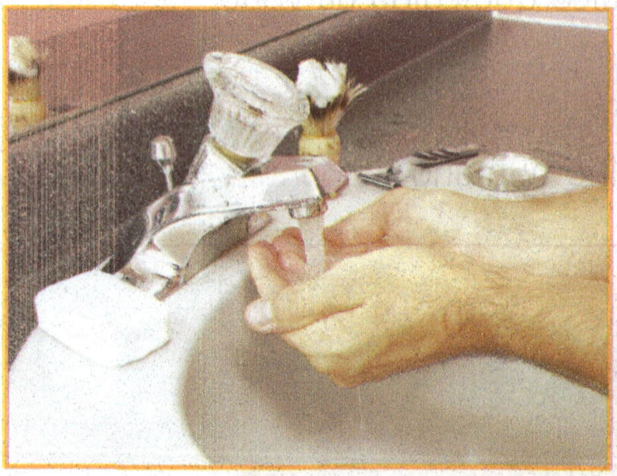

PHOTOS.COM

LIQUID LIBRARY

- Lavar bem as mãos antes das refeições.
- Escovar os dentes sempre que comer.
- Tomar banho diariamente.
- Manter as unhas sempre cortadas e limpas.
- Manter os cabelos limpos e penteados.
- Andar calçado.
- Trocar de roupa sempre que necessário.
- Dormir pelos menos 8 horas por dia.
- Não ler em lugares escuros.
- Limpar as orelhas apenas com algodão.

Saiba que

Para manter a higiene do corpo bastam água e sabonete de boa qualidade ou sabão de coco.

LIQUID LIBRARY

Saiba que

O tempo que você gasta no banho tem interferência no custo da conta de luz, no consumo e desperdício de água.
O chuveiro elétrico é o aparelho doméstico com maior peso na conta de luz, em geral 30%. Já a água consumida num banho de 5 minutos, o tempo ideal, gira em torno de 50 litros. Imagine para quanto vai o consumo num banho de 10 ou mais minutos. Vamos economizar e evitar o desperdício. É bom para o orçamento doméstico e o planeta.

Higiene na alimentação

Para manter a saúde, devemos comer alimentos em boas condições de higiene.

Os alimentos devem ser:

- bem lavados, principalmente as frutas e verduras;
- cobertos, a fim de serem protegidos contra as moscas e a poeira;
- bem cozidos, se forem carne de vaca ou de porco;
- conservados em lugares frescos;
- conservados no congelador, se necessário;
- consumidos antes da data de vencimento.

Para que o organismo aproveite bem os alimentos, devemos:

- procurar comer todos os dias na mesma hora;
- comer devagar e mastigar bem os alimentos;
- não tomar líquido durante as refeições;
- não abusar de doces e refrigerantes;
- evitar alimentos muito temperados ou apimentados;
- evitar frituras e alimentos muito gordurosos;

- só beber água filtrada ou fervida;
- comer carne, frutas, legumes, verduras e tomar leite;
- não abusar do açúcar;
- não esquecer de tomar água.

JUPITER IMAGES

Higiene mental

Para cuidar da higiene mental, devemos:

- praticar esportes saudáveis;
- ter amigos;
- ir ao cinema;
- viver com alegria;
- viajar;
- não nos meter em brigas;
- não ficar horas e horas apenas vendo televisão.

ABLESTOCK

Nadar é um exercício excelente para a saúde do sistema respiratório.

Higiene do ambiente

O ambiente em que vivemos precisa ser saudável.

A limpeza do ambiente cabe tanto a nós como ao serviço de saneamento.

O saneamento básico inclui várias medidas:

- distribuição de água tratada na estação de tratamento de água e sua distribuição para toda a população. Isso evita a contaminação da água e diminui o risco de doenças causadas por microrganismos;
- coleta da água usada nas residências, nas indústrias, nas casas de comércio e em outros locais e sua distribuição pela rede de esgoto para a estação de tratamento de esgoto, tornando a água limpa novamente;

- coleta e tratamento do lixo, de preferência em aterros sanitários, considerando o risco de contaminação que o lixo representa.

Também devemos considerar como parte da higiene do ambiente a limpeza das ruas, que devem ser varridas por funcionários da prefeitura e as pessoas devem colaborar jogando lixo nas lixeiras.

Reciclagem do lixo

As plantas e os animais mortos são destruídos por larvas, minhocas, bactérias e fungos, e os elementos químicos que eles contêm voltam para a terra. Assim, são usados pelas plantas. Esse é um processo natural de reutilização de matérias.

Enquanto a natureza se mostra eficiente em reaproveitamento e reciclagem, nos ambientes construídos a produção de lixo é maior do que a reciclagem.

O problema se agrava porque muitas das substâncias produzidas pelas pessoas não se decompõem facilmente. Vidros, latas e alguns plásticos levam muitos anos para se decompor. Esse lixo acaba poluindo o solo, a água e o ar.

RUBENS CHAVES/PULSAR IMAGENS

Lixo acumulado na Marginal do Rio Pinheiros, São Paulo, SP.

É por isso que o destino correto do lixo é a reciclagem. Desse modo, quase todo o material do lixo é reaproveitado: o papel, o plástico, os metais, os vidros.

Quando separamos os materiais para a reciclagem, há menos lixo ocupando espaço no planeta e menos matéria-prima sendo usada para produzir novas mercadorias. Mas não basta reciclar o lixo, é preciso também reduzir o consumo, para que a produção desses materiais diminua, e reutilizar os descartáveis quantas vezes for possível, antes de ir para a lixeira.

E até os restos de alimentos, como talos de vegetais, cascas de ovos e de frutas, não precisam ser descartados: podem ser usados como adubo para as plantas.

O lixo orgânico, ou seja, os restos de alimentos, precisa ser coletado nas residências. Ele não pode ficar nos postos de coleta por causa do mau cheiro.

MORTARI

A reciclagem começa com a separação do lixo doméstico. Em vários locais já é possível encontrar recipientes de cor diferente para cada tipo de lixo.

ATIVIDADES...

1. De quais verduras você gosta?

2. Qual é a sua comida predileta?

3. Você já experimentou comidas diferentes daquelas feitas na sua casa? Quais comidas foram essas?

4. Quais são as suas atividades de lazer?

5. Qual é a sua rotina para higiene pessoal?

6. Como é a limpeza das ruas do lugar onde você mora?

7. Assinale o que você costuma fazer.

- [ ] Come todos os dias à mesma hora.
- [ ] Come devagar e mastiga bem os alimentos.
- [ ] Não toma líquidos nas refeições.
- [ ] Não abusa dos doces e refrigerantes, e não come muitas frituras.
- [ ] Separa o lixo para encaminhar para a reciclagem.
- [ ] Toma banho de 5 minutos de duração.
- [ ] Toma água várias vezes ao dia.